AF446383

Mardochee Saint-Cyr

LA RÉSURRECTION DE JÉSUS

EST- ELLE UNE FABLE OU UN FAIT ?

Mardochée SAINT-CYR

2025

TABLE DES MATIÈRES

REMERCIEMENTS

Pour la publication de cet ouvrage, je tiens tout d'abord à exprimer ma gratitude envers mon Seigneur et Sauveur Jésus, pour tous les bienfaits qu'Il m'a accordés.

Je suis également profondément reconnaissant envers ma famille, en particulier ma chère épouse Yveline Pradel, mon père M. Jean Pierre Saint-Cyr, ma mère Mme Rose Sylvie Saint-Cyr, ainsi que mes sœurs Sherlyne, Genése et Cherlande, sans oublier mes beaux-frères Ricot, Karl et James, mes neveux Karlensky, Kensky, Gerlensky, pour leur amour et leur soutien indéfectible.

Enfin, je souhaite remercier tous les membres de la grande famille chrétienne, en particulier les Pasteurs, les leaders et les membres de l'Église Évangélique Indigène d'Haïti (L'EEIH,L'AJEEIH), ainsi que tous mes collègues et amis qui m'ont encouragé et soutenu tout au long de ce projet.

PRÉFACE

Chers lecteurs, chères lectrices, cet ouvrage que vous vous apprêtez à découvrir est le fruit d'une quête personnelle autour de la doctrine chrétienne essentielle qu'est la résurrection de Jésus de Nazareth.

Après avoir donné deux conférences sur ce sujet au cours des deux dernières années (2021 et 2022), j'ai ressenti le besoin de partager pour la première fois le résultat de mes recherches sous une forme écrite.

Cependant, étant plus habitué à m'exprimer oralement sur des thèmes d'ordre chrétien, je reconnais que cet ouvrage n'est pas exhaustif. Néanmoins, il reflète sincèrement ma volonté de servir le Seigneur en aidant les membres de la communauté chrétienne, ainsi que ceux qui n'en font pas encore partie, à mieux comprendre la foi et l'espérance chrétiennes afin de s'y engager pleinement.

Dans un style simple et clair, sans être trop verbeux, j'ai tenté de vous transmettre l'essentiel de mes recherches. Je suis convaincu qu'avec cette modeste contribution, le Seigneur touchera de nombreux cœurs par sa grâce.

La résurrection de Jésus est-elle une fable ou un fait ? LA RÉPONSE, DANS LES PROCHAINES PAGES.
Bonne lecture !

1. INTRODUCTION

La résurrection de Jésus-Christ est la pierre angulaire du christianisme, c'est sur elle que s'alignent toutes les autres doctrines de la Bible en général, et du Nouveau Testament en particulier. Des Évangiles jusqu'à l'Apocalypse, tout est reposé sur cette doctrine. Pour Josh Mc Dowell :

« La résurrection de Jésus et le christianisme se tiennent debout ou tombent ensemble. L'un ne peut être vrai sans l'autre. »

Pour l'Apôtre Paul, toute la foi chrétienne se repose sur le message de la résurrection, d'où sa déclaration :

« Et si Christ n'est pas ressuscité, notre prédication est donc vaine, et votre foi aussi est vaine. » (Icor 15 :14).

En d'autres termes, si la résurrection était fausse le message évangélique serait un ensemble de fables montées de toutes pièces par des habiles écrivains cherchant volontairement à induire les gens en erreur, en leur vendant un personnage imaginaire dénommé Jésus. En ce sens, de ce message qui se prétend être la vérité naîtrait le plus grand mensonge de toute l'histoire. Quelle serait donc son utilité pour l'humanité ? L'Apôtre Paul répond à cette question : Il serait donc vain.

Que vous soyez chrétiens ou non, le sujet de la résurrection de Jésus devrait susciter votre intérêt : car c'est l'un des sujets ayant la plus large influence sur notre civilisation. Le but de ce présent ouvrage consiste à aider les croyants aussi bien que les sceptiques, à la lumière de la Bible et d'autres sources non bibliques tirées de l'histoire, de l'archéologie… à répondre à cette question : La résurrection de Jésus-Christ est-elle une fable ou un fait ?

La résurrection de Jesus est-elle une fable ou un fait?

Mardochee Saint-Cyr

JESUS DANS L'HISTOIRE

Chapitre I

> **1.   JÉSUS DANS L'HISTOIRE**

Avant d'aborder la question de la résurrection de Jésus, il est essentiel de s'assurer que le personnage dont nous allons parler a réellement existé et que le récit du Nouveau Testament est authentique et vérifiable. Ce n'est qu'à ce moment-là que nous pourrons répondre avec plus de certitude à notre question principale. D'où l'importance de cette première interrogation : Jésus a-t-il réellement existé ?

1.1   La thèse mythiste sur Jésus

Il existe une thèse dite « mythiste », qui est née à la fin du XVIIIᵉ siècle. Contestée par le monde académique, cette thèse met en question la réalité historique de Jésus. Pour ses partisans dont le philosophe Michel Onfray,

- *Les Évangiles sont de pures fictions ; et le christianisme est construit sur cette farce.*

- *Jésus n'a jamais existé ; l'histoire de sa vie est tirée de la mythologie perse et mésopotamienne ; sa mort et sa résurrection sont inspirées des mythes comme Baal, Marduk, Attis, Osiris ou Adonis.*

- *Les Évangiles ont été forgés des centaines d'années après les événements qu'ils racontent ; et il n'existe aucun manuscrit du Nouveau Testament qui date d'avant le quatrième siècle ; Selon eux, beaucoup trop d'années séparent les faits de la narration.*

En conclusion, pour les partisans de cette théorie : l'histoire de Jésus ne peut être qu'une pure invention de fanatiques religieux.

1.2 Considérons brièvement ces trois (3) accusations souvent portées par les partisans de la théorie mythique et testons leur validité :

1.2.1 Première accusation

La similarité qui existe entre l'histoire de Jésus et certaines histoires mythiques perses et mésopotamiennes est une preuve que l'histoire de Jésus est une copie d'un mythe païen.

- *Réfutation*

Le Dr Ehrman, bien qu'il adopte une position critique vis-à-vis de l'interprétation chrétienne de la Bible, reconnaît dans son ouvrage *Did Jesus Exist* que Jésus a réellement existé. Selon lui, il n'existe aucune preuve qu'Osiris, par exemple, soit né le 25 décembre, qu'il ait été crucifié comme Jésus, que sa mort ait apporté l'expiation des péchés, ou qu'il soit revenu à la vie en étant ressuscité des morts. En réalité, aucune source ancienne ne fait mention de telles affirmations concernant Osiris ou d'autres divinités. La plupart des érudits s'accordent à dire que les sources relatives aux divinités païennes, qui évoquent des récits de résurrection, datent des deuxième, troisième et quatrième siècle après J.-C., soit plusieurs années après l'achèvement du canon du Nouveau Testament.

De plus, connaissant le caractère rigoureux de l'apôtre Paul, il est peu probable qu'il ait emprunté des éléments aux religions païennes, étant donné son monothéisme strict et ses racines juives. En effet, il a constamment mis en garde les premières églises chrétiennes contre de telles influences.
« C'est pourquoi, mes bien-aimés, fuyez l'idolâtrie[1]. » (Icor 10 : 1)

- **D'où proviennent les affirmations des mythistes ?**
Pour étayer leurs affirmations, les partisans de la théorie mythiste se réfèrent uniquement à des auteurs des XIXe et XXe siècles, qui, à leur tour, ne citent aucune source vérifiable du monde antique. Les récits mythologiques sur lesquels ils s'appuient sont présentés comme des contes et des légendes, mêlant symbolisme et fiction.

À la différence des livres du Nouveau Testament, ces récits ne comportent pas de dates précises et mentionnent rarement des lieux réels. En revanche, la plupart des livres bibliques sont datés et ancrés dans un contexte historique et culturel, ce qui permet de les situer et de les étudier facilement.

---

[1] Bible Louis segond

1.2.2 Deuxième accusation

La rédaction des Évangiles est très tardive par rapport aux événements qu'ils racontent.

- *Refutation*

Le Dr Ehrman, conteste également cette affirmation. Dans son livre il affirme :

En fait, les Évangiles ont été écrits à la fin du premier siècle, environ trente-cinq à soixante-cinq ans après la mort de Jésus, et nous en avons la preuve physique : un fragment d'un manuscrit d'Evangile date du début du deuxième siècle. Comment a-t-il pu être forgé des siècles plus tard [2]?

À la position du docteur Ehrman peut s'ajouter aussi l'avis de plusieurs autres érudits :

Le Nouveau Testament est le livre le mieux conservé du monde antique. Non seulement nous possédons un grand nombre de manuscrits, mais ils sont très proches du temps des originaux qu'ils représentent. Certains manuscrits partiels du Nouveau Testament datent du deuxième siècle après JC, et beaucoup sont à moins de quatre siècles des originaux. Ces faits sont d'autant plus étonnants lorsqu'ils sont comparés à la conservation d'autres littératures anciennes. (Glenny).

FC Bauer, ainsi que d'autres critiques, ont supposé que les Écritures du Nouveau Testament n'avaient

---

[2] Ehrman, Bart D. (2012). *Did Jesus Exist? The Historical Argument for Jesus of Nazareth* p.23

été écrites qu'à la fin du deuxième siècle après JC. Il croyait que ces écrits provenaient essentiellement de mythes ou de légendes qui s'étaient développés pendant le long intervalle entre la vie de Jésus et le moment où ces histoires ont été consignés par écrit. À la fin du XIXe siècle, cependant, les découvertes archéologiques avaient confirmé l'exactitude des manuscrits du Nouveau Testament. Les découvertes des premiers manuscrits papyrus ont comblé le fossé entre l'époque du Christ et les manuscrits exis-tants d'une date ultérieure[3].

Ainsi, il est évident que les preuves soutenant la fiabilité historique du Nouveau Testament sont impressionnantes et sont largement reconnues par la majorité des chercheurs. Nous examinerons ce sujet plus en détail dans le deuxième chapitre.

1.2.3   Troisième accusation

Il n'existe à part les Évangiles aucun témoin fiable qui mentionne un Jésus historique au premier siècle.

- ***Refutation***

Il arrive que les gens demandent des preuves basées sur les documents de l'Antiquité comme s'ils disposaient encore aujourd'hui de l'intégralité de ces archives et qu'il suffisait de les consulter pour établir la vérité. Bart EHRMAN répond encore à ce sujet en prenant en exemple Ponce Pilate qui, ayant vécu

---

[3] Evidence for the Resurrection: What It Mean for Your Relationship with God, 2008.p 124

à la même époque de Jésus ne possède aucun document datant du premier siècle attestant son existence. Il affirme que :

C'est un « mythe » moderne de dire que nous avons de nombreux documents romains de l'Antiquité qui auraient sûrement mentionné quelqu'un comme Jésus s'il avait existé.[4] »

Un personnage qui a été extrêmement important à tous égards pour la vie et l'histoire de la Palestine pendant la vie adulte de Jésus (en supposant que Jésus ait vécu), politiquement, économiquement, culturellement, socialement. Comme je l'ai indiqué, il n'y avait sans doute personne de plus important. Et combien de rapports de témoins oculaires de Pilate avons-nous de son temps ? Aucun. Pas un seul.[5] »

Cependant, aucun mythiste ne considère Ponce Pilate comme un personnage fictif. Pourquoi ont-ils une opinion différente concernant Jésus ? En réalité, ils critiquent les récits de Jésus pour leur caractère trop légendaire. Leurs préjugés sur les miracles créent une barrière qui les empêche d'examiner objectivement l'histoire de Jésus. Leur perspective naturaliste prédomine dans leurs analyses, car ils estiment que tout doit être expliqué de manière naturelle. Ainsi, tout miracle devient suspect et est classé

---

[4] Ehrman, Bart D. *Did Jesus Exist?: The Historical Argument for Jesus of Nazareth* (2012). p.40

[5] Ehrman, Bart D. (2012). *Did Jesus Exist?: The Historical Argument for Jesus of Nazareth* p.40

comme une légende. Ils se retrouvent donc prisonniers de leurs propres convictions, limités à leurs raisonnements.

En ce qui concerne Ponce Pilate, il n'existe qu'une seule inscription fragmentaire, découverte à Césarée en 1961, qui atteste qu'il était un préfet romain. En dehors de cela, aucun document historique du premier siècle, période durant laquelle il a vécu, tout comme Jésus, n'a été retrouvé.

Pour citer encore Bart Ehrman :

« Il est important de souligner aussi que parmi les documents qui nous parviennent de la Palestine romaine de tout le premier siècle nous avons précisément un seul auteur de textes littéraires dont les œuvres ont survécu (par textes littéraires, j'entends des livres littéraires de toute sorte : fictif, historique, philosophique, scientifique, poétique, politique, etc.). Ce seul auteur est Josèphe. Nous n'en avons pas d'autres. Ce qui est tout aussi frappant, dans tous nos documents historiques, nous connaissons le nom d'un seul autre auteur dans ses écrits, un homme nommé Justin de Tibère ; ses livres, évidemment, n'ont pas survécu. »

2.   Explication sur l'absence de documents du premier siècle concernant Jésus

Certains chercheurs suggèrent que le manque de témoignages écrits sur Jésus et d'autres figures importantes de l'Antiquité pourrait être attribué aux faibles taux d'alphabétisation de l'époque.

Récemment, plusieurs études significatives sur l'alphabétisation ont été publiées, mettant en lumière les niveaux très bas d'alphabétisation dans l'Antiquité. L'une des recherches les plus fréquemment citées est celle du professeur William Harris, dans son livre intitulé : *Ancient Literacy*.

Après une analyse approfondie des preuves disponibles, Harris conclut qu'à la majorité de l'époque antique, seulement environ 10 % de la population était capable de lire et, éventuellement, d'écrire. Encore moins de personnes étaient en mesure de rédiger une phrase, et encore moins pouvaient composer un récit complet ou un livre entier. Ces 10 % représentaient l'élite de la classe supérieure, qui avait le temps, les ressources financières et les opportunités nécessaires pour bénéficier d'une éducation.

1.3 L'existence de Jésus attestée

Il est important aussi de souligner que malgré cette absence de document datant du premier siècle, Jésus reste l'un des personnages de l'Antiquité dont l'existence est le mieux attestée.

Nous avons une meilleure documentation historique pour Jésus que pour les fondateurs de n'importe quelle autre religion de l'Antiquité. En plus du Nouveau Testament, nous possédons aujourd'hui une vaste documentation chrétienne et non-chrétienne témoignant de l'existence historique de Jésus.

1.3.1   Sources chrétiennes

Les écrits des Pères apostoliques représentent, après les Évangiles, les plus anciens témoignages de l'existence de Jésus. Rédigés principalement à la fin du 1er siècle et au début du 2ème siècle, ces textes décrivent Jésus comme un personnage historique. De plus, les écrits des Pères de l'Église, tels que ceux de Justin Martyr et de Tertullien, constituent également ment des preuves de cette existence.

Justin Martyr (100 - 165)

Qui fut d'abord un philosophe converti au christianisme, et qui est mort en martyr décapité. Il écrivit à l'empereur Antonin le Pieux vers 150 :

Concernant les miracles de Jésus :

"Vous pourrez facilement vérifier qu'il a réellement accompli ces miracles en lisant les actes de Ponce Pilate" (Apologies I, 48.3)

Concernant sa crucifixion :

"Vous pourrez vous assurer que les faits sont véridiques en consultant les actes qui furent enregistrés sous Ponce Pilate... " (Apologie I, 35.7-9)

Tertullien (155 – 225)

Juriste et théologien, dans son apologie du christianisme à Carthage en 197, à l'intention des autorités romaines en Afrique :

"Tibère, sous le règne de qui le nom de chrétien a fait son entrée dans le monde, soumit au sénat les faits qu'on lui avait annoncés de Syrie-Palestine,

faits qui avaient révélé là-bas la vérité sur la divinité du Christ, et il manifesta son avis favorable. Le Sénat, n'ayant pas lui-même vérifié ces faits, vota contre. Tibère persista dans son sentiment et menaça de mort les accusateurs des chrétiens." (Tertullien : Apologétique V.2)

1.3.2 Sources non-Chrétiennes

Cornélius Tacite (55 - 118)

Considéré comme le plus grand historien de la Rome impériale, il décrit l'incendie de Rome en 64. Dans ses annales, il explique que les chrétiens sont devenus les boucs émissaires de Néron qui les accuse d'avoir provoqué le feu : vers 116 il cite :

"Aussi, pour anéantir la rumeur, Néron supposa des coupables et infligea des tourments raffinés à ceux que leurs abominations faisaient détester et que la foule appelait chrétiens. Ce nom leur vient du Christ, que, sous le principat de Tibère, le procurateur Ponce Pilate avait livré au supplice ; réprimée sur le moment, cette détestable superstition perçait de nouveau, non seulement en Judée, où le mal avait pris naissance, mais encore dans Rome (...)". ..." (Tacite, Annales, 15.44)

Pline le Jeune (61 - 114)

Il fut un écrivain latin et gouverneur de la Bithynie en 112 ; il a adressé une lettre à l'empereur Trajan dans laquelle il lui a demandé conseil sur la façon de traiter les chrétiens :

"Ceux qui niaient d'être chrétiens ou l'avoir été, s'ils invoquaient des dieux selon la formule que je

leur dictais et sacrifiaient par l'encens et le vin devant ton image que j'avais fait apporter à cette intention avec les statues des divinités, si en outre ils blasphémaient le Christ - toutes choses qu'il est, dit-on, impossible d'obtenir de ceux qui sont vraiment chrétiens -, j'ai pensé qu'il fallait les relâcher... [Ceux qui disaient qu'ils étaient chrétiens] affirmaient que toute leur faute, ou leur erreur, s'était bornée à avoir l'habitude de se réunir à jour fixe, avant le lever du soleil, de chanter entre eux alternativement un hymne au christ comme à un dieu..." (*Lettres et Panégyrique de Trajan*)

Celse (IIème AP J.C.)

Cité par Origène dans son livre "Contre Celse" (7,53), Celse fut Romain, philosophe platonicien et auteur du " Discours véritable ", dans lequel il attaque le christianisme. Il écrivit :

"Vous nous donnez pour Dieu un personnage qui termina par une mort misérable, une vie infâme".

Il est important de remarquer que ces écrits ne sont pas les œuvres d'un partisan de Christ, mais plutôt de l'un de ses détracteurs. Ce qui signifie que même ces derniers n'ont pas nié son existence historique. Ce qui prouve que Celse reconnaissait Jésus comme un personnage historique.

Suétone (69 - 125)

Suétone fut un haut fonctionnaire romain, auteur de nombreux ouvrages dont la *Vie des douze Césars* qui rassemble les biographies de Jules César à Domitien. Il a vécu à la fin du Ier et au début du IIème siècle.

Il écrivit :

"Comme les Juifs ne cessaient de troubler la cité sur l'instigation d'un certain Christus, il (Claude) les chassa de Rome" (Vie de Claude, XXV.11)

"Il livra aux supplices les chrétiens, race adonnée à une superstition nouvelle et coupable" (Vie de Néron, XVI.3)

Le Talmud

Le Talmud est l'un des textes fondamentaux du Judaïsme rabbinique. Il existe en deux versions qui se complètent. La première a été compilée au IIe siècle. La seconde version l'a été au VIe siècle. Dans l'un des passages du Talmud, Jésus est décrit de cette manière :

…fut pendu au soir la veille de la Pâque. Quarante jours plus tôt, un héraut avait proclamé : « Il sera mené à la lapidation, car il a pratiqué la magie, il a séduit et repoussé Israël. Quiconque veut déposer en sa faveur, qu'il vienne et produise son témoignage ! » Comme rien ne fut allégué à sa décharge, il fut pendu au soir la veille de la Pâque.

Résumé du premier chapitre

Avec toutes ces évidences provenant de sources diverses, il devient difficile de nier l'existence historique de Jésus.

Pour l'Encyclopédie Britannica, 15ème édition :

"Ces témoignages indépendants prouvent que dans les siècles passés, même les opposants au christianisme n'ont jamais douté de l'historicité de Jésus. Celle-ci a été remise en question pour la première fois, sur des bases inadéquates, par plusieurs auteurs à la fin du 18ème, durant le 19ème et au début du 20ème."

La Grande Encyclopédie Larousse abonde également dans le même sens :

"Les historiens sérieux sont unanimes à affirmer sans hésitation que Jésus a bien existé." (Tome 11, p 6699)

Pour Bart Erhman,

S'il y a une conspiration, ce n'est pas de la part des anciens chrétiens qui ont inventé Jésus, mais de la part des auteurs modernes qui inventent des histoires sur les anciens chrétiens et ce qu'ils croyaient à propos de Jésus[6].

Pour Simon Mimouni,

La question de l'existence de Jésus a pu certes se poser pour l'historien au début du XXe siècle ; elle est cependant dépassée aujourd'hui, sauf peut-être dans une certaine presse trop marquée par

---

[6] Ehrman, Bart D. (2012). *Did Jesus Exist?: The Historical Argument for Jesus of Nazareth*

l'idéologie et pas assez par la connaissance histo-rique.[7]

Dans ce chapitre, nous faisons le bilan de l'existence historique de Jésus, corroborée par des textes à la fois chrétiens et non-chrétiens. Il est maintenant essentiel d'aborder la question de la fiabilité du Nouveau Testament afin de mieux établir la vérité concernant Jésus et sa résurrection. Ce sujet sera traité dans le chapitre suivant.

---

[7] *Le Christianisme, des origines à Constantin, PUF, 2006, p.43*

La résurrection de Jesus est-elle une fable ou un fait?

LA FIABILITE HISTORIQUE
DU NOUVEAU TESTAMENT

Chapitre II

2. LA FIABILITÉ HISTORIQUE DU NOUVEAU TESTAMENT

Le Nouveau Testament est-il historiquement fiable ?

Le Nouveau Testament représente la principale source historique d'informations sur la vie de Jésus, incluant ses paroles, ses miracles, sa crucifixion et sa résurrection. Étant donné que le Nouveau Testament affirme l'intervention divine dans les affaires humaines, de nombreux critiques des XIXe, XXe et XXIe siècles ont remis en question la fiabilité des livres qui le composent, doutant de son historicité et le qualifiant de légende.

Par conséquent, pour toute personne souhaitant fonder sa foi en Jésus, la véracité historique du Nouveau Testament devrait être le point de départ essentiel dans sa quête de la vérité.

Le relativisme historique : Objections contre la fiabilité historique.

L'attaque la plus populaire contre la fiabilité historique du Nouveau Testament provient de la théorie du relativisme historique. Selon cette théorie, la connaissance du passé est impossible : car les personnes qui ont écrit les récits historiques étaient biaisées et avaient leurs propres objectifs politiques ou religieux.

Si cette théorie était vraie, il serait donc impossible de mener une enquête historique sérieuse et objective sur la fiabilité du Nouveau Testament et encore moins sur la résurrection de Jésus, puisque nous serions incapables d'obtenir une idée précise des événements rapportés.

Les partisans de la théorie du relativisme avancent en général quatre objections pour soutenir leurs affirmations. Mc Dowell dans son livre *« Evidence for the Resurrection »* répond à ces objections.

Première objection :

Nous ne pouvons pas accéder aux faits historiques, car ceux-ci ne peuvent pas être observés directement. La réponse de Mc Dowell à ce sujet est plein de sens :

S'il est vrai que les faits historiques ne peuvent pas être « observés », ils peuvent néanmoins être connus avec une grande probabilité. En fait, il y a beaucoup de choses que les scientifiques croient exister parce qu'ils en déduisent leur existence, et non parce qu'ils les observent directement. Les particules subatomiques (protons, neutrons et électrons) ne sont pas directement observables, mais sont déduites d'équations et de résultats de laboratoire. Les dinosaures n'ont pas été observés directement, mais leur existence est déduite des os et d'autres preuves[8].

---

[8] Evidence for the Resurrection: What It Mean for Your Relationship with God, 2008. p 107

Deuxième objection :

D'après les relativistes, parce qu'il y aura toujours un parti pris ou du subjectif de la part de la personne qui a écrit le récit original, nous ne pouvons pas connaître la vérité concernant les faits historiques.

Mc Dowell répond encore :

Ce n'est pas parce qu'un historien était biaisé que son récit est faux ; il se peut encore qu'il ait correctement enregistré les événements. En fait, de nombreuses fois, des écrivains biaisés ont fait les récits historiques les plus précis de certains événements. Il a été démontré que les scientifiques sont également sensibles aux biais, mais cela ne les a pas amenés à conclure que leurs propres comptes rendus de résultats expérimentaux ne sont pas dignes de confiance. Idéalement, nous voudrions que les écrivains soient impartiaux, mais ils doivent également s'intéresser suffisamment à un sujet pour vouloir écrire sur ce sujet. Dans le cas des disciples, même s'ils étaient partiaux, il est clair qu'ils étaient soucieux de rapporter la vérité[9].

À cette réponse de Mc Dowell, peut ajouter cette brillante affirmation de Wright :

Il faut affirmer très fortement que découvrir qu'un écrivain particulier a un parti pris ne nous dit rien sur la valeur de l'information qu'il ou elle présente. Cela nous demande simplement d'être conscients du

---

[9] ibid

parti pris (et du nôtre, d'ailleurs), et d'évaluer le matériel en fonction d'autant de sources que possible[10].

Troisième objection :

D'après les relativistes : Nous ne pouvons pas connaître les faits historiques, car les historiens sont naturellement conditionnés par la culture dans laquelle ils vivent.

Josh prend réfute encore cette affirmation :

S'il est vrai que la perspective d'un historien sera colorée par les hypothèses de sa culture, il en va de même pour n'importe quel domaine de la connaissance. S'il n'est pas possible de savoir quelque chose parce que cela a été rapporté par une personne "culturellement conditionnée", alors toute connaissance serait impossible car il n'y a personne qui ne soit culturellement conditionné pour rapporter les faits objectivement[11].

Quatrième objection :

La dernière objection des relativistes consiste à dire que nous ne pouvons pas connaître les faits historiques parce que les récits historiques sont basés sur des preuves fragmentaires et des faits sélectifs.

---

[10] Michael Licona, The Historicity of the Resurrection of Jesus: Historiographical Considerations in the Light of Recent Debates. A doctoral dissertation completed at the University of Pretoria (2008)

[11] Evidence for the Resurrection: What It Mean for Your Relationship with God, 2008, p 107

Josh répond une fois de plus :

Mais encore une fois, tous les domaines de la connaissance ont les mêmes contraintes : ils sont également basés sur des preuves partielles, et leurs théories sont construites par des personnes qui ont été sélectives dans les faits qu'elles considèrent[12].

Dans cette même perspective, il est possible d'inclure l'affirmation de Michael Licona. :

Étant donné que les données nous parviennent pour la plupart fragmentées, un récit exhaustif ou même complet est inaccessible. Ainsi, les historiens n'attendent pas des récits complets du passé mais des récits partiels et intelligibles. Les historiens recherchent une compatibilité adéquate des données là où ils les trouvent justes, même si ce n'est pas de manière exhaustive[13].

Le relativisme historique en tant qu'une philosophie populaire ne fournit donc pas de justification suffisante pour affirmer que la connaissance objective du passé est impossible. Pour le Dr Norman Geisler : « *L'affirmation selon laquelle, le passé n'est pas objectivement connaissable est elle-même une affirmation objective sur le passé* »[14]

---

[12] Ibid.

[13] Ibid.

[14] Norman L Geisler, Baker Encyclopedia of Christian Apologetics (Grand Rapids, MI: Baker Books, 1999), p. 531

Preuve de la fiabilité historique du Nouveau Testament

Les interrogations concernant la fiabilité historique du Nouveau Testament peuvent être levées en se fondant sur deux tests établis par C. Sanders (professeur d'histoire militaire), qui sont des tests bibliographiques, internes et externes, largement reconnus pour évaluer tout document historique.

Si la foi chrétienne est inextricablement liée à des événements spécifiques de l'histoire, la fiabilité historique de la bible devrait être testée par les mêmes critères suivant lesquels tous les documents historiques sont testés.

Le premier test : Test bibliographique

On entend par test bibliographique, l'analyse de la tradition écrite par laquelle un document nous est parvenu.[15] En dépit de l'absence des manuscrits originaux du Nouveau Testament (Comme c'est le cas pour tous les autres documents de la littérature ancienne), il est tout à fait possible de reconstruire le texte original avec une exactitude pratiquement complète.

Peters déclare que : *Sur la seule base de la tradition manuscrite, les œuvres qui composaient le Nouveau*

---

[15] John Warwick Montgomery,Jésus:La raison rejoint l'histoire,p.21.

Testament des chrétiens étaient les livres de l'Antiquité les plus fréquemment copiés et largement diffusés [16].

Pour Sir Frederic G. Kenyon, ex-directeur et bibliothécaire en chef du British. Concernant la supériorité des écrits du Nouveau Testament sur tous les autres manuscrits anciens, il déclare :

Dans aucun autre cas, le laps de temps compris entre la composition du livre et la date des plus anciens manuscrits existants n'est aussi court que pour ceux du Nouveau Testament. Les livres du Nouveau Testament ont été écrits dans la seconde moitié du premier siècle ; les plus anciens manuscrits en notre possession (quelques fragments négligeables exceptés) sont du 4ᵉ siècle, c'est-à-dire 250 à 300 ans postérieurs. Cela peut sembler long, mais c'est très peu comparé à l'intervalle qui sépare les grands auteurs classiques de leurs plus anciens manuscrits. Nous considérons que, pour l'essentiel, nous avons un texte valable des sept pièces existantes de Sophocle... Pourtant le plus ancien manuscrit sur lequel nous nous basions fut écrit plus de 1400 ans après la mort du poète. Il en est de même pour Eschyle, Aristophane et Thucydide. Pour Démosthène, c'est au moins 1200 ans; pour

---

[16] Josh McDowell, Sean McDowell Evidence That Demands a Verdict: Life Changing Truth for a Skeptical World Hardcover – Illustrated, October 3, 2017.p 183

Platon 1300 et pour Euripide, l'intervalle atteint 1600 ans[17].

Avec les nouvelles découvertes faites avant sa mort, Kenyon ajouta :

Dès lors l'intervalle entre les dates de la composition originale et les plus anciennes évidences en notre possession, est devenu si court qu'il est pratiquement négligeable et ceux qui doutaient que les Écritures nous soient parvenues en grande partie telles qu'elles ont été écrites, voient le dernier fondement de toute incertitude ainsi définitivement balayée. L'authenticité et l'intégrité générale des livres du Nouveau Testament doivent être considérées comme définitivement établies[18].

Comme le fait remarquer aussi Mike Licona :

Un délai de soixante ou soixante-dix ans entre des faits historiques et leur rédaction est plutôt court, comparé à ceux des sources dont disposent les historiens concernant d'autres biographies datant de la même époque.[19]

Encore en soutien au test bibliographique, on pourrait citer également l'écrivain A.T Robertson :

---

[17] Avrum Stroll et Richard H.Popkin, dans la série Made Simple Books(Garden city, N.Y :Doubleday, 1956),p. 165

[18] Introduction to the study of the New Testament, 2ᵉ edition(Oxford :Clarendon Press, 1955)

[19] 26 raisons de ne pas douter de l'historicité de Jésus, dans un articles de Bon combat.fr

Il existe quelque huit cents manuscrits de la Vulgate latine et au moins mille des autres versions anciennes. Si l'on y ajoute les 4000 manuscrits grecs, nous avons 13000 copies manuscrites de portions du Nouveau Testament. Sans compter que l'essentiel du Nouveau Testament pourrait être recomposé à partir des citations qu'en ont faites les anciens auteurs chrétiens.

Le second test : Première partie (Test de preuve interne)

En ce qui concerne le test de preuve interne, John Warwick Montgomery rapporte que les critiques littéraires suivent toujours la maxime d'Aristote selon lequel :

Le bénéfice du doute doit être accordé au document lui-même, plutôt que revendiqué pour lui-même par le critique ". Par conséquent il faut écouter les affirmations du document analysé et ne pas supposer une fraude ou une erreur à moins que l'auteur ne se soit disqualifié par des contradictions ou des inexactitudes factuelles connues[20].

En ce sens que peut-on dire des apparentes contradictions retrouvées dans la Bible ?

Si l'on suit la maxime D'Aristote, comment peut-on expliquer les contradictions (ces armes redoutables entre les mains des détracteurs) retrouvées dans la Bible ? Robert M. Horn répond ainsi :

---

[20] Miracles|N.Y.:Macmillan,1947,pp.121-124

Réfléchissez un instant à ce qu'il faut démontrer concernant une « difficulté » pour la transférer dans la catégorie d'un argument valable contre la doctrine. Certes, il faut bien plus que la simple apparence d'une contradiction. Nous devons être certains, premièrement que nous avons bien compris le passage, le sens dans lequel il utilise des mots ou des chiffres. Deuxièmement, que nous possédons toutes les connaissances disponibles en la matière. Troisièmement, qu'aucune autre lumière ne peut être jetée dessus par l'avancement des connaissances, la recherche textuelle, l'archéologie, etc. Les difficultés ne constituent pas des objections. Les problèmes non résolus ne sont pas nécessairement des erreurs. Il ne s'agit pas de minimiser la zone de difficulté ; c'est de le voir en perspective. Les difficultés doivent être affrontées et les problèmes doivent nous pousser à chercher une lumière plus claire ; mais jusqu'à ce que nous ayons une lumière totale et définitive sur une question, nous ne sommes pas en mesure d'affirmer : "Voici une erreur prouvée, une objection incontestable à une Bible infaillible". Il est de notoriété publique que d'innombrables « objections » ont été entièrement résolues depuis le début de ce siècle.[21]

---

[21] Josh McDowell, Sean McDowell Evidence That Demands a Verdict: Life Changing Truth for a Skeptical World Hardcover – Illustrated, October 3, 2017. p 216

Une explication des contradictions présupposées est fournie de manière détaillée à la page 93.

Concernant la fiabilité historique du Nouveau Testament, on peut se demander : peut-on faire confiance à la mémoire des Apôtres ? Comment ont-ils pu se souvenir des événements avec tant de précision après tant d'années ?

Bauckham a identifié certaines caractéristiques des événements dont on se souvient le mieux. En général, les Évangiles s'alignent bien avec ces caractéristiques, ce qui renforce notre confiance dans la préservation fiable des traditions. (Bauckham, JE, 341-346)

- *Événements uniques ou inhabituels*
Les histoires de l'Evangile entrent clairement dans cette catégorie, car de nombreux événements, tels que les guérisons et les autres miracles, sont incontestablement inhabituels.

- *Événements saillants ou consécutifs*
Les histoires de l'Évangile impliquent souvent des événements marquants ou qui changent la vie qui créent des souvenirs vifs chez les personnes qui en ont été témoins.

- *Un événement pour lequel une personne est émotionnellement impliquée.*
Les auteurs des Évangiles n'étaient pas des observateurs impartiaux, mais étaient personnellement in-

vestis et émotionnellement impliqués dans les événements eux-mêmes. Ils ont été profondément touchés par les événements.

- ***Répétition fréquente.***
Les histoires qui étaient racontées fréquemment étaient plus susceptibles d'être normalisées sous une certaine forme et mieux mémorisées. Comme le note Bauckham, nous pouvons être sûrs que les Apôtres ont fréquemment raconté les histoires de Jésus après les événements.

- ***À cette liste pourrait s'ajouter deux autres points importants :***
Premièrement, il est important de noter que le récit du Nouveau Testament ne repose pas sur le témoignage d'une seule personne. Ce n'était pas la responsabilité d'un seul témoin de relater les événements. Si cela avait été le cas, il aurait été difficile pour ce témoin de se souvenir de tous les détails. Luc, dans son écrit, déclare avoir consulté des témoins oculaires pour s'assurer de l'exactitude des faits.

Plusieurs ayant entrepris de composer un récit des événements qui se sont accomplis parmi nous, suivant ce que nous ont transmis ceux qui ont été des témoins oculaires dès le commencement et sont devenus des ministres de la parole, il m'a aussi semblé bon, après avoir fait des recherches exactes sur toutes ces choses depuis leur origine, de te les expo-

ser par écrit d'une manière suivie, excellent Théophile, afin que tu reconnaisses la certitude des enseignements que tu as reçus. (Luc 1 :1 -4)[22]

La seconde, c'est la promesse de Jésus à ses disciples concernant le rôle que jouera le Saint-Esprit dans leurs ministères :

Mais le consolateur, l'Esprit-Saint, que le Père enverra en mon nom, vous enseignera toutes choses, et vous rappellera tout ce que je vous ai dit. (Jean 14 :26)

Le second test : Deuxième partie (Test de preuve externe)

On entend par test de preuve externe la confirmation d'autres matériaux historiques confirmant le témoignage interne fournis par les documents eux-mêmes. La comparaison des textes anciens avec le Nouveau Testament confirme son exactitude historique.

- *Eusèbe*

Dans son Histoire sur l'Eglise, Eusèbe conserve les écrits de Papias, évêque d'Hiérapolis (vers 60-130 après J.-C.), dans lesquels Papias rapporte les paroles de "l'Ancien". Pour certains érudits, il est probable que "l'Ancien" soit une référence à l'apôtre Jean.

---

[22] Bible,Louis Segond

L'ancien avait l'habitude de dire ceci aussi : « Marc, ayant été l'interprète de Pierre, a écrit avec précision tout ce qu'il (Pierre) a mentionné, que ce soit des paroles ou des actions de Christ, mais pas dans l'ordre. Car il n'était ni un auditeur ni un compagnon du Seigneur ; mais ensuite, comme je l'ai dit, il accompagna Pierre, qui adapta ses enseignements selon les nécessités, non comme s'il faisait une compilation des paroles du Seigneur. Ainsi donc, Marc ne s'est pas trompé en écrivant certaines choses de cette manière au fur et à mesure qu'il [Pierre] les mentionnait ; car il a fait attention à cette seule chose, de ne rien omettre de ce qu'il avait entendu, de n'inclure aucune fausse déclaration parmi eux. (Eusèbe, EH, III.39).

Papias commente également l'évangile de Matthieu : *« Matthieu a enregistré les oracles en langue hébraïque (c'est-à-dire en araméen) (Eusèbe, EH, III.39)*

- **Irénée, évêque de Lyon**

Élève de Polycarpe, évêque de Smyrne. Polycarpe avait été disciple de l'Apôtre Jean. Vers 180 après J.-C., Irénée écrivit : *Le fondement sur lequel reposent ces évangiles est si solide que les hérétiques eux-mêmes en témoignent et, à partir de ces documents, chacun d'eux s'efforce d'établir sa propre doctrine[23]*

Résumé du deuxième chapitre

Comme nous l'avons vu précédemment sur la base du test bibliographique et sur la base de l'évidence interne et externe. L'affirmation que le récit néotestamentaire est historiquement fiable est vérifiée.

Pour FF Bruce, experts contemporains en ce qui regarde les rouleaux de la mer morte, sur la valeur des documents du Nouveau Testament en tant que source, il écrivit :

Les premiers prédicateurs connaissaient bien la valeur des témoignages de première main et s'y référaient fréquemment. Nous sommes témoins de ces choses affirmaient-ils constamment avec confiance. Et il n'eut pas été aussi simple que certains semble le penser, de prêter à Jésus des paroles ou des actes imaginaires, car étaient encore vivants à cette époque beaucoup de ses disciples qui se souvenaient parfaitement de ce qui s'était passé. De fait, il semble évident que les premiers chrétiens ont pris soin d'établir une nette distinction entre les paroles de Jésus et leurs propres déductions ou jugements. Ainsi, Paul, traitant de la question très controversée

---

[23] Josh McDowell, Sean McDowell Evidence That Demands a Verdict: Life.Changing Truth for a Skeptical World Hardcover — Illustrated, October 3, 2017.p 228

du mariage et du divorce, dans I Corinthiens 7, veille à ne pas mélanger ce qui représente son conseil personnel et ce qui représente une règle décisive du Seigneur :' Ce n'est pas le Seigneur ; c'est moi qui dis' et encore : 'Non pas moi, mais le Seigneur'. De plus, ce n'était pas avec des témoins amicaux seulement que les premiers prédicateurs devaient compter. Il y en avait d'autres moins bien disposés et qui étaient au courant des principaux faits du ministère et de la mort de Jésus. Les disciples ne pouvaient courir le risque d'introduire des inexactitudes (pour ne pas parler de manipulations volontaires des faits). La moindre erreur aurait été relevée par des adversaires trop heureux de les souligner. Au contraire, l'une des forces de la prédication apostolique était de pouvoir en appeler avec confiance à ce que savaient déjà les auditeurs ; ils ne se contentaient pas de dire : 'Nous sommes témoins de ces choses', ils disaient aussi : comme vous le savez vous-mêmes' (Actes 2.22). S'ils avaient eu quelque tendance à s'écarter des faits, de la présence éventuelle, dans l'auditoire, de témoins hostiles, leur aurait servi de correctif[24].

Dans le chapitre suivant, nous examinerons la question de la crucifixion, qui est un aspect essentiel de notre étude sur la résurrection de Jésus.

---

[24] F .F BRUCE,The New Testament Documents :Are they Realiable(1960).p.38

LA CRUCIFIXION

Chapitre III

3. LA CRUCIFIXION

Après avoir démontré dans les pages précédentes que Jésus est un personnage historique et que le Nouveau Testament est historiquement fiable, il est maintenant essentiel d'aborder la question de la crucifixion de Jésus. Cet événement, qui précède la résurrection, jette les bases et offre des informations précieuses pour notre compréhension d'un sujet d'une grande importance pour le christianisme : La résurrection de Jésus.

Ainsi, dans ce chapitre, nous analyserons les événements entourant la mort du Christ avant de découvrir ce qui s'est réellement passé ce dimanche de Pâques.

La crucifixion : Un fait historique

La crucifixion était une méthode courante d'exécution à l'époque du Christ. En fait, des preuves archéologiques indiquent que la crucifixion était connue dès 700 ans avant Jésus-Christ. Les Romains n'ont donc pas inventé la crucifixion : il est probable qu'ils l'ont adoptée des Phéniciens à Carthage.

La crucifixion de Jésus provient du fait qu'il fut accusé de sédition par les dirigeants religieux juifs. Cela le conduisit en justice devant le célèbre gouverneur romain, Ponce Pilate.

Pendant des années, certains historiens ont douté de l'existence de Pilate, car la seule preuve historique de son existence était littéraire. Mais en 1961, deux archéologues italiens ont découvert à Césarée (qui servait de capitale romaine de la Palestine) une inscription en latin qui se lit comme suit : "Ponce Pilate, préfet de Judée". Cette découverte archéologique confirma une fois de plus que les personnages rapportés par les écrivains du Nouveau Testament ont réellement existé.

D'après les preuves historiques, Pilate était un dirigeant très cruel et impitoyable. Il était têtu, arrogant, corrompu, brutal et malveillant. Il a commis de nombreuses atrocités et a ordonné de nombreuses exécutions sans procès.

Confirmation de la crucifixion de Jésus par l'historien Josèphe

La crucifixion de Jésus par Pilate est aussi rapportée par l'historien Joséphe (37 - 97) qui fut prêtre, pharisien, chef militaire juif pendant la guerre contre Rome. Il s'est rendu au général romain Vespasien, pendant le siège de Jotapa.

Plutôt que de se suicider comme beaucoup de ses compagnons, il décida de se rendre. Sa collaboration avec les romains l'a fait haïr par ses compatriotes juifs. Historien juif, il a écrit "Guerre des Juifs" (75-79), et "Antiquités Juives" (93).

...Jésus, qui était un homme sage, si toutefois on doit le considérer comme un homme, tant ses œuvres

étaient admirables... Des chefs de notre nation l'ayant accusé devant Pilate, celui-ci le fit crucifier... Il leur apparut vivant et ressuscité le troisième jour... (Antiquités 18.3.3).

La crucifixion : Le déroulement de la scène

Cicéron a appelé la mort par crucifixion « *la plus cruelle et la plus hideuse des tortures et la peine extrême et ultime pour un esclave* »[25].

Flavius Josèphe, l'historien juif, qui avait observé de nombreuses crucifixions les avait qualifiées de "morts les plus misérables".

L'historien rapporte que les Romains excluaient généralement les citoyens romains de la peine de la crucifixion et la réservaient uniquement aux esclaves ou aux rebelles pour décourager les soulèvements. Elle a été utilisée principalement dans les affaires politiques, car elle était si horrible et dégradante.

La crucifixion se déroulait généralement ainsi :

La flagellation

Une fois que le verdict est prononcé par le tribunal, il était de coutume d'attacher l'accusé à un poteau du tribunal. Le criminel a été dépouillé de ses vêtements puis sévèrement fouetté par les soldats. Ce fouet connu sous le nom de flagrum, avait une poignée solide à laquelle étaient attachées de longues

---

[25] Evidence for the Resurrection: What It Mean for Your Relationship with God, 2008.p 146

lanières de cuir de différentes longueurs. Des morceaux d'os et de plomb tranchants et déchiquetés étaient tissés dans les lanières. Les Évangiles rapportent que Jésus a été ainsi fouetté avant sa crucifixion.

Alors Pilate prit Jésus, et le fit battre de verges.
(Jean 19:1)

D'après ''the American Medical Association''

Alors que les soldats romains frappaient à plusieurs reprises le dos de la victime avec force, les boules de fer provoquaient de profondes contusions, et les lanières de cuir et les os de mouton coupaient la peau et les tissus sous-cutanés. Puis, à mesure que la flagellation se poursuivait, les lacérations déchiraient les muscles squelettiques sous-jacents et produisaient des rubans tremblants de chair saignante[26].

Le fardeau du patibulum

Le condamné devait porter la barre horizontale de la croix, appelée patibulum, pesant entre 75 et 100 livres, depuis la prison jusqu'au lieu de son exécution. Cette poutre était fixée à ses épaules, et en cas de chute, il risquait de se blesser gravement, d'autant plus qu'avec les mains liées, il ne pouvait pas protéger son visage. Ainsi, c'est dans cet état, avec un corps flagellé et ensanglanté, qu'il était conduit à son supplice final.

---

[26] Evidence for the Resurrection: What It Mean for Your Relationship with God, 2008.p 147

Jésus, portant sa croix, arriva au lieu du crâne, qui se nomme en hébreu Golgotha. (Jean 19 : 17)

L'utilisation des clous

Sur le lieu d'exécution, le condamné était soit cloué, soit attaché à la croix. Les clous étaient enfoncés dans les poignets, considérés comme faisant partie de la main à l'époque de Jésus, car les paumes ne pouvaient pas supporter le poids du corps. Pour percer les pieds, les jambes devaient être tordues. Cependant, l'exactitude historique de cette méthode de crucifixion est contestée, car les critiques soulignent qu'il n'existe que peu de preuves en dehors du Nouveau Testament pour confirmer cette pratique. De plus, il était pensé que les clous auraient déchiré la chair et n'auraient pas pu soutenir un corps. Ainsi, certains concluent que le récit de la crucifixion de Christ dans le Nouveau Testament pourrait être une légende.

Preuves archéologiques de la crucifixion

Une découverte archéologique majeure a été faite concernant une victime de crucifixion nommée Yohanan, dont la tombe date du premier siècle de notre ère. Les deux talons de son squelette étaient fixés l'un à l'autre par un gros clou de fer d'environ 7 pouces, recourbé à son extrémité. Bien qu'il n'y ait pas de traces de clous sur les os des poignets, des éraflures sur le radius droit suggèrent que les clous étaient placés plus haut que le poignet. Cette position nécessitait un petit siège sous le corps du supplicié pour éviter que le poids ne déchire les bras.

Cette découverte, réalisée en juin 1968 par l'archéologue V. Taaferis avec le soutien du département israélien des antiquités, renforce la crédibilité du Nouveau Testament.

Le Brisement des os

Le Nouveau Testament rapporte :

« Dans la crainte que les corps ne restassent sur la croix pendant le sabbat, -car c'était la préparation, et ce jour de sabbat était un grand jour, -les Juifs demandèrent à Pilate qu'on rompît les jambes aux crucifiés, et qu'on les enlevât. Les soldats vinrent donc, et ils rompirent les jambes au premier, puis à l'autre qui avait été crucifié avec lui. S'étant approchés de Jésus, et le voyant déjà mort, ils ne lui rompirent pas les jambes » (Jean 19 :31-33)

Les ossements de Yohanan confirment ce passage du Nouveau Testament. Pour accélérer la mort d'une victime crucifiée, les Romains utilisaient une méthode appelée 'crucifracture', qui consistait à briser les os des jambes pour rendre la respiration difficile et provoquer une mort rapide. L'analyse des tibias de Yohanan montre que ses jambes avaient été violemment brisées, le tibia droit étant particulièrement endommagé avec de multiples fractures, tandis que le tibia gauche présentait une seule cassure. Bien qu'il n'y ait pas de traces de clous sur les poignets, des éraflures sont visibles sur le radius droit. Il est à noter que, selon le récit biblique, les jambes du Christ n'ont pas été brisées, car les bourreaux ont constaté qu'il était déjà mort.

S'étant approchés de Jésus, et le voyant déjà mort, ils ne lui rompirent pas les jambes ; mais un des soldats lui perça le côté avec une lance, et aussitôt il sortit du sang et de l'eau. (Jean 19 :33-34)

L'efficacité de la crucifixion comme peine de mort remise en question.

Malgré toutes ces preuves, certains s'interrogent sur l'infaillibilité de la crucifixion et se demandent si certaines victimes n'ont pas pu échapper à cette peine et survivre. Cela soulève la question : Jésus aurait-il pu être l'une de ces exceptions ? Le Dr Paul L. Maier, professeur d'histoire ancienne, écrit :

Certes, il existe un cas enregistré d'une victime descendue d'une croix et survivante. L'historien juif Josèphe, qui était passé du côté romain lors de la rébellion de l'an 66, découvrit trois de ses amis crucifiés. Il a demandé au général romain Titus de leur accorder un sursis, et ils ont été immédiatement retirés de leurs croix. Pourtant, deux des trois sont morts de toute façon, même s'ils n'avaient apparemment été crucifiés que peu de temps. Dans le cas de Jésus, cependant, il y avait les complications supplémentaires de la flagellation et de l'épuisement, sans parler du grand coup de lance qui a percé sa cage thoracique et a probablement rompu son péricarde. Les Romains étaient terriblement efficaces à propos des crucifixions : les victimes ne sortaient pas vivants [27].

---

[27] Evidence for the Resurrection: What It Mean for Your Relationship with God, 2008.p 151

En ce qui concerne la crucifixion de Jésus, l'érudit libéral John Dominic affirma que :

La mort de Jésus par exécution sous Ponce Pilate est aussi sûre que n'importe quoi d'historique ne pourra jamais l'être. Car si aucun disciple de Jésus n'avait écrit quoi que ce soit pendant cent ans après sa crucifixion, nous le saurions encore par deux auteurs ne faisant pas partie de ses partisans. Leurs noms sont Flavius Josèphe et Cornelius Tacite. La survie des crucifixions était inconnue ; tout comme aujourd'hui, les hommes ne survivent tout simplement pas au peloton d'exécution, à la chaise électrique, à l'injection létale ou à la chambre à gaz. Parce que la loi a décrété la mort du prisonnier, même si une première tentative échoue, les procédures sont répétées jusqu'à ce que la mort survienne. La mort par crucifixion était tout aussi certaine que par n'importe quelle méthode moderne d'exécution[28].

Résumé du troisième chapitre

Désireux d'humilier et d'éliminer Jésus à tout prix, et sachant pertinemment qu'il avait prédit sa propre mort et sa résurrection à plusieurs reprises, ses opposants ont considéré la crucifixion comme l'instrument idéal. Non seulement cela a satisfait leur désir de voir Jésus humilié, mais cela fournirait également à ses partisans la preuve ultime qu'il était un

---

[28] Ibid.p 150

imposteur. En le crucifiant sur les hauteurs de Golgotha, ils cherchaient à démontrer à tous que Jésus n'était pas à la hauteur de ses prétentions. Josh écrivit :

Craignant que ses disciples ne prennent des mesures extraordinaires pour faire croire que Jésus était mort et ressuscité, ils prirent des précautions tout aussi extraordinaires pour s'assurer qu'il était mort et qu'il le resterait. La première de ces précautions était la mort par crucifixion. La mort serait publique, brutale et certaine.

L'os du talon d'un crucifié du premier siècle dont les restes ont été découverts en 1968 (photo © Israel Exploration Society).

L'ENTERREMENT DE JESUS

Chapitre IV

4.   L'ENTERREMENT DE JÉSUS

L'enterrement de Jésus est l'une des étapes incontournables à la progression de notre sujet. Avant d'aborder la question de la résurrection, nous devons nous assurer que Jésus fut réellement mis au tombeau.

Les fouilles archéologiques

Ce passage du livre *Le tombeau de Jésus* de Simcha Jacobovici et Charles Pellegrino préfacé par James Cameron relate que :

Les résultats des fouilles de centaines de tombeaux dans les collines de Jérusalem corroborent parfaitement les descriptions de l'inhumation de Jésus faites par les quatre Évangiles. Ainsi, les données archéologiques confirment les textes évangéliques, selon lesquels le tombeau de Jésus fut scellé par une grosse pierre à l'entrée. Derrière cette pierre, allongé dans son linceul blanc, le corps du défunt mettait en général une année pleine pour se décomposer. Après la disparition des chairs, les ossements enveloppés dans le linceul étaient récupérés puis rassemblés dans un coffret de calcaire tendre appelé « ossuaire ». Parfois, le nom du défunt était inscrit sur un côté de l'ossuaire, qui était ensuite placé dans une petite niche, ou chambre funéraire, en contrebas du tombeau. Cet espace était consacré à l'inhumation permanente. Certains tombeaux contenaient les ossuaires de trois générations ou plus[29].

Pour le professeur John AT Robinson, de l'Université de Cambridge, l'enterrement de Jésus dans la tombe est :

"l'un des faits les plus anciens et les mieux attestés concernant Jésus"[30].

Le tombeau de Jésus

Selon les Évangiles, Jésus fut mis dans un tombeau neuf appartenant à un riche conseiller juif et une grosse pierre fut roulée à l'entrée de la tombe.

Joseph prit le corps, l'enveloppa d'un linceul blanc et le déposa dans un sépulcre neuf, qu'il s'était fait tailler dans le roc. Puis il roula une grande pierre à l'entrée du sépulcre, et il s'en alla. (Matthieu 27 :60)

Deux éléments dans ce verset méritent notre attention : le tombeau neuf et la grande pierre

Un tombeau neuf

Mais pourquoi un tombeau neuf ? Certains estiment qu'il est très probable que ce choix n'ait pas été fait pour honorer le corps de Jésus, mais plutôt en raison de la honte associée à sa mort. La crucifixion était une peine capitale réservée aux brigands et aux malfaiteurs. Bien que Jésus fût innocent, il a été traité

---

[29] *Le tombeau de Jésus* de SIMCHA JACOBOVICI ET CHARLES PELLEGRINO .P 14

[30] Evidence for the Resurrection: What It Mean for Your Relationship with God, 2008.p 154

comme un coupable. Comme le souligne le texte biblique, il a été compté parmi les malfaiteurs. Qui oserait alors placer un malfaiteur dans une tombe familiale ? Selon William Lane Craig, le fait de mettre Jésus dans un tombeau neuf reflète probablement l'idée que le corps d'un criminel condamné pourrait souiller les dépouilles des autres membres de la famille reposant dans cette tombe. Joseph d'Arimathie ne pouvait donc pas se permettre de déposer le corps d'un criminel dans la sépulture familiale.

La grosse pierre devant le tombeau

Selon des calculs faits par des ingénieurs, la pierre pourrait avoir un poids minimum d'une tonne et demie à deux tonnes. Les Évangiles nous disent avec précision que la pierre fut roulée devant la tombe et non transportée devant la tombe. En effet, avec un tel poids le transport aurait été compliqué. Le fait de rapporter que la pierre fut roulée et non transportée à l'entrée de la tombe peut être considéré comme un détail insignifiant, mais le calcul du poids de la pierre nous aide à mieux comprendre l'exactitude du récit biblique.

La garde romaine

Les Évangiles nous rapportent que de peur que les partisans de Jésus ne viennent voler son corps, les opposants du Christ ont pris la précaution de placer une garde à l'entrée de la tombe, avec la permission de Pilate bien entendu !

Ce genre de garde était généralement soumis à une discipline rigide. En effet, la nuit, si le capitaine s'approchait d'un garde qui dormait, il était battu et brûlé avec ses propres vêtements. Il était également interdit à un membre de la garde de s'appuyer contre quoi que ce soit pendant son service. Contrairement aux images généralement répandues du tombeau du Christ qui montrent un ou deux gardes debout avec des lances en bois. Une unité de garde romaine était une force de sécurité de 4 à 16 hommes. Chaque homme a été formé pour protéger 6 pieds de terrain.

Concernant la façon dont la garde s'était organisée lorsqu'elle avait une mission Josh rapporta :

Normalement, une unité chargée de garder une zone fonctionnerait de cette manière : 4 hommes étaient placés immédiatement devant ce qu'ils devaient protéger. Les 12 autres dormiront en demi-cercle devant eux, la tête pointée vers l'intérieur. Pour voler ce que ces gardes protégeaient, les voleurs devaient d'abord marcher sur les gardes endormis. Toutes les quatre heures, une autre unité de quatre gardes était réveillée, et ceux qui étaient éveillés dormaient à leur tour[31].

Le sceau romain

L'Évangile de Matthieu rapporte qu'après que la pierre a été roulée et placée à l'entrée du sépulcre, le sceau romain fut déposé sur la tombe de Jésus. En quoi ce sceau était-il important ? Selon AT Robertson, la pierre ne pouvait être scellée qu'en présence des gardes romains ayant la charge de surveiller la

---

[31] Evidence for the Resurrection: What It Mean for Your Relationship with God, 2008.p 161

tombe. Quiconque essaierait de déplacer la pierre aurait brisé le sceau et ainsi encouru le risque de subir les peines prévues par la loi.

D'après Henry Sumner Maine, ancien professeur de droit civil à l'Université de Cambridge :

"Les sceaux dans l'Antiquité étaient en fait considérés comme un mode d'authentification."

Résumé du chapitre IV

Ces nombreuses références apportées dans les chapitres précédents confirment une fois de plus l'affirmation que la personne de Jésus est bien ancrée dans l'histoire. Que ce soit concernant son existence, en passant par sa crucifixion pour arriver à son enterrement, les preuves historiques et archéologiques en sa faveur sont cumulatives. À côté du Nouveau Testament, tous les événements majeurs autour de sa personne peuvent être facilement vérifiés par d'autres sources. Dans le prochain chapitre, nous allons finalement aborder la question de sa résurrection. L'histoire de Jésus prend-elle fin au tombeau ?

La résurrection de Jesus est-elle une fable ou un fait?

64

LA RESURRECTION

Chapitre V

5.   LA RÉSURRECTION

Jésus est-il réellement ressuscité ?

Dans les sections précédentes, nous avons établi la réalité historique de Jésus-Christ, de sa crucifixion et de son enterrement, tout en soulignant à plusieurs reprises la fiabilité historique du Nouveau Testament. En nous référant à la maxime d'Aristote, qui stipule que "le bénéfice du doute doit être accordé au document lui-même, plutôt qu'au critique", il est essentiel de prendre en compte les affirmations du Nouveau Testament sans préjugés, en évitant de supposer qu'il y a fraude ou erreur, sauf si les auteurs se contredisent ou présentent des inexactitudes flagrantes dans les faits établis.

Que dit la Bible concernant la résurrection ?

La doctrine de la résurrection est l'une des plus importantes de la bible. Elle nous enseigne que la mort n'est pas la fin de toutes choses, mais plutôt l'une des conséquences directes du péché de nos premiers parents, Adam et Ève, comme Paul l'a aussi écrit en 1 cor 15 :22:

Et comme tous meurent en Adam, de même aussi tous revivront en Christ.

La résurrection est donc l'espérance que cette conséquence sera un jour vaincue : d'où cette déclaration de l'Apôtre Paul :

O mort, où est ta victoire ? O mort, où est ton aiguillon ? (1 Cor 15 : 55)

Cette espérance vient de l'œuvre accomplie par Jésus et de sa résurrection.

Car, si nous croyons que Jésus est mort et qu'il est ressuscité, croyons aussi que Dieu ramènera par Jésus et avec lui ceux qui sont morts. (1 thes 4 :14)

Historicité de la doctrine de la résurrection

La doctrine de la résurrection, contrairement à ce que pensaient quelques-unes des critiques, ne fut pas une invention de l'Église ; car ce fut déjà l'espérance des croyants de l'Ancien Testament. Nous pouvons l'affirmer sur la base du livre du prophète Daniel qui, longtemps avant la naissance de l'Église, écrivit :

Plusieurs de ceux qui dorment dans la poussière de la terre se réveilleront, les uns pour la vie éternelle, et les autres pour l'opprobre, pour la honte éternelle. (Daniel 12 :2)

Dans sa défense face à l'accusation des Juifs qui le considéraient comme le promoteur d'une nouvelle doctrine, l'Apôtre Paul affirmait que la résurrection représentait l'espérance des douze tribus d'Israël.

...Et maintenant, je suis mis en jugement parce que j'espère l'accomplissement de la promesse que Dieu a faite à nos pères, et à laquelle aspirent nos douze tribus, qui servent Dieu continuellement nuit et jour. C'est pour cette espérance, ô roi, que je suis accusé

par des Juifs ! Quoi ! vous semble-t-il incroyable que Dieu ressuscite les morts ? (Actes 26 :6-8)

Dans cette optique, il souhaitait démontrer qu'il n'était pas l'initiateur de cette espérance, mais que celle-ci avait déjà été annoncée dans l'Ancien Testament. Il est également essentiel de souligner que le message de la résurrection n'est pas apparu avec les quatre Évangiles. En réalité, avant d'être consigné par écrit sous la forme que nous connaissons aujourd'hui, ce message existait déjà de manière orale. Les Apôtres n'ont pas commencé par rédiger l'histoire de Jésus, car cela n'était pas nécessaire au départ, les événements étant déjà largement connus. Leur but était de prouver aux Israélites, en s'appuyant sur les promesses de l'Ancien Testament, que Jésus était véritablement le Messie, et que sa résurrection en était la preuve. La première prédication des Apôtres dans ce qui nous est rapporté dans le livre des actes est la preuve que le public savait déjà ce dont Pierre parlait.

Cet extrait de la prédication de Pierre le Jour de la Pentecôte confirme cette affirmation :

Hommes Israélites, écoutez ces paroles ! Jésus de Nazareth, cet homme à qui Dieu a rendu témoignage devant vous par les miracles, les prodiges et les signes qu'il a opérés par lui au milieu de vous, comme vous le savez vous-mêmes ; cet homme, livré selon le dessein arrêté et selon la prescience de Dieu, vous l'avez crucifié, vous l'avez fait mourir par la main des impies. Dieu l'a ressuscité, en le délivrant des liens de la mort, parce qu'il n'était pas possible qu'il fût retenu par elle. Car David dit de lui : Je voyais constamment le Seigneur devant moi, parce qu'il est à ma droite, afin que je ne sois point ébranlé. Aussi mon cœur est dans la joie, et ma langue dans l'allégresse ; Et même ma chair reposera avec espérance, car tu n'abandonneras pas mon âme dans le séjour des morts, Et tu ne permettras pas que ton Saint voie la corruption. Tu m'as fait connaître les sentiers de la vie, Tu me rempliras de joie par ta présence. Hommes frères, qu'il me soit permis de vous dire librement, au sujet du patriarche David, qu'il est mort, qu'il a été enseveli, et que son sépulcre existe encore aujourd'hui parmi nous. Comme il était prophète, et qu'il savait que Dieu lui avait promis avec serment de faire asseoir un de ses descendants sur son trône, c'est la résurrection du Christ qu'il a prévue et annoncée, en disant qu'il ne serait pas abandonné dans le séjour des morts et que sa chair ne verrait pas la corruption. C'est ce Jésus que Dieu a ressuscité ; nous en sommes tous témoins. Élevé par la droite de Dieu, il a reçu du Père le Saint Esprit qui avait été promis, et il l'a répandu, comme vous le voyez et l'entendez. Car David n'est point monté au ciel, mais il dit lui-même : Le Seigneur a dit à mon Seigneur : Assieds-toi à ma droite, Jusqu'à ce que je fasse de tes ennemis ton marchepied. Que toute la maison d'Israël sache donc avec certitude que Dieu a fait Seigneur et Christ ce Jésus que vous avez crucifié.

(Actes 2 : 22-36)

Les premières sources écrites du message de la résurrection chez les chrétiens

Les premières attestations écrites du message de la résurrection dans le Nouveau Testament ne se trouvent pas dans les quatre Évangiles, mais plutôt dans les épîtres. En effet, bien que les lettres des apôtres soient présentées après les Évangiles dans nos bibles, elles sont en réalité antérieures à ceux-ci.

Dates approximatives de rédaction des livres du Nouveau Testament.

Livre	Dates (AP. JC)
Épître de Jacques	48-50
1,2 Thessaloniciens	50-52
Galates	54-55
1,2 Corinthiens	55-56
Romains	57
Philippiens	60-62
Colossiens	60-62
Éphésiens	60-62
Philémon	60-62
1 Timothée	62-64
Tite	62-64
2 Timothée	64-67
Hébreux	60-70
Évangile de Marc	65-70
Évangile de Matthieu	70-80
Évangile de Luc	80-90

Actes des Apôtres	**80-90**
Évangile de Jean	**90-100**
1 Jean	**90-100**
2 Jean	**90-100**
3 Jean	**90-100**
Apocalypse (Révélation)	**90-95**

Le message de la résurrection n'était pas un concept tardif pour la communauté chrétienne : au contraire, l'Église a été fondée sur ce message, qui en constituait le point de départ. En effet, l'apôtre Paul, qui s'est converti trois ou quatre ans après la fondation de l'Église, affirme avoir reçu dès le début le message de la résurrection de la part des premiers chrétiens (1 cor 15). Ce message validait sa rencontre avec Jésus sur le chemin de Damas. À plusieurs reprises, il témoigne avoir rencontré les principaux apôtres pour leur exposer le message qu'il prêchait (Gal 1 :18 ; 2). Ainsi, le message de la résurrection était déjà présent très tôt parmi les premiers chrétiens, bien avant la conversion de Paul au christianisme.

Objectif des quatre Évangiles

Les quatre Évangiles n'ont pas été écrits pour inventer une histoire sur Jésus, mais plutôt pour au moins trois raisons :

Première raison

Pour documenter et certifier les évènements pour ceux qui n'étaient pas des témoins oculaires. L'Évangile de Luc en témoigne :

Plusieurs ayant entrepris de composer un récit des événements qui se sont accomplis parmi nous, suivant ce que nous ont transmis ceux qui ont été des témoins oculaires dès le commencement et sont devenus des ministres de la parole, il m'a aussi semblé bon, après avoir fait des recherches exactes sur toutes ces choses depuis leur origine, de te les exposer par écrit d'une manière suivie, excellent Théophile, afin que tu reconnaisses la certitude des enseignements que tu as reçus. (Luc 1 :1-4)

Deuxième raison :

Pour la diffusion ou la propagation du message évangélique. L'Église avait grandi et s'était élargie. Il fallait donc utiliser tous les moyens possibles pour diffuser le message. Les lettres de Paul en sont des preuves de l'efficacité de cette pratique : on pouvait emprisonner ou limiter le déplacement des apôtres, mais pas leurs écrits. Et c'est grâce à cette diffusion du message sous sa forme écrite que nous possédons aujourd'hui l'héritage de la Bible et du Nouveau Testament en particulier.

Troisième raison :

Pour conserver l'histoire. Si le témoignage oral peut être facilement modifié d'une personne à une autre, il serait plus difficile de le faire avec les Écritures. Comme nous l'avons vu dans les chapitres précédents, la comparaison entre le grand nombre de manuscrits disponibles pour le Nouveau Testament nous montre que les évènements étaient fidèlement rapportés. Les petites variantes que l'on peut rencontrer parfois dans la comparaison entre certains manuscrits ne concernent aucune des doctrines importantes du Nouveau Testament. Et encore, il faut noter que le temps qui sépare les premiers manuscrits des évènements rapportés dans les Évangiles est de loin plus court que pour n'importe quel autre document de l'Antiquité. Selon le principe d'évaluation des documents historiques, plus les événements rapportés sont proches de l'histoire, plus ces écrits ont de chances d'être vrais. Le Nouveau Testament bat de façon spectaculaire ce record. Il constitue donc un solide fondement sur lequel on peut s'appuyer pour affirmer la résurrection de Jésus-Christ.

Raisons pour lesquelles les gens rejettent le message de la résurrection

Qu'est-ce qui empêche souvent les gens de croire à la résurrection de Jésus ? Parfois, en analysant les preuves que nous avons à notre disposition, nous pensons que le problème de l'incrédulité n'est pas dû au fait que l'histoire de la résurrection soit fausse ou qu'elle contienne des erreurs. Il provient plutôt du fait que ceux qui l'entendent ou qui la lisent veulent qu'elle soit fausse, parce que principalement le message ne correspond pas à leurs philosophies ou à leurs intérêts.

Dans cette partie du livre, nous allons voir les principales causes du rejet du message de la résurrection chez la plupart des Juifs et des Païens.

Rejet par les Juifs

Nous commençons avec les Juifs, car il est important de mentionner qu'il est plus difficile de prêcher l'Évangile à un Juif qu'à un Païen. En effet, le Juif dès son jeune âge possède déjà un document qui lui dit comment serait le messie lorsqu'il viendrait, son lieu de naissance, les miracles qu'il opérait, la manière dont il serait mis à mort, le tombeau dans lequel sa dépouille serait mise. Tout, en effet, était dans l'Ancien Testament. C'est pourquoi lorsque Paul prêchait les chrétiens de Bérée, ils pouvaient vérifier dans les Écritures dont ils disposaient pour voir si ce que Paul leur enseignait était conforme aux Saintes Écritures de l'ancienne alliance.

Or ces Juifs de Bérée étaient de plus honnêtes gens que ceux de Thessalonique ; et ils reçurent la parole de Dieu avec beaucoup d'affection et d'ardeur, examinant tous les jours les Écritures, pour voir si ce qu'on leur disait était véritable. (Actes 17 :11)

Lumière sur les prophéties de l'ancien testament sur Jésus

Il existe des dizaines de prophéties concernant le Messie dans l'Ancien Testament ; ce qui signifie qu'inventer un Messie ou se faire passer pour le Messie aurait totalement été impossible. Il aurait fallu planifier sa propre naissance avant sa mise au monde, qu'il pût accomplir des miracles extraordinaires, qu'il se fît fouetter puis crucifier. Il aurait également fallu, qu'on exigeât que son ensevelissement eût lieu dans un tombeau de riche, et finalement qu'il convainc ses disciples de sa résurrection même s'ils étaient témoins pour la plupart de sa crucifixion et de sa mise au tombeau. N'importe quelle personne sensée admettrait que remplir ces exigences aurait été quasiment impossible. C'est pourquoi tous les imposteurs de l'histoire qui voulaient se faire passer pour le Messie se sont discrédités et n'ont pas fait long feu. Mais comment est-ce possible que le message de Jésus en tant que Messie eût autant de succès, encore qu'il fût tant combattu à travers le temps et l'espace ? Nous réservons la réponse à cette question pour la fin.

Causes du rejet de l'évangile chez les juifs

Les principales causes pour lesquelles certains Juifs ont rejeté le message de la résurrection résulte du fait que :

Première cause : Le message de la résurrection fait passer les Juifs pour des criminels

Si Jésus est ressuscité comme le disent les Écritures, c'est la preuve qu'il était innocent ; et tuer un innocent est un acte criminel. Donc, en toute logique, le message de la résurrection est une accusation directe contre les Juifs.

Dans une lettre envoyée par un Syrien nommé Mara Bar-Serapion, à son fils Sérapion, alors qu'il était en prison, il encourage son fils à poursuivre la sagesse, soulignant que ceux qui ont persécuté les sages ont eu des problèmes. Il prend comme exemple la mort de Socrate, Pythagore et Christ. À propos de Christ il dit : *... quel avantage les Juifs ont-ils gagné à exécuter leur roi sage ? Leur royaume fut anéanti peu* *après... Manuscrit Syriaque n° 14658 du British Muséum (date de 73 environ).*

Deuxième cause : Le message de la résurrection confirme toutes les prétentions de Jésus

Si Jésus est ressuscité, tout ce qu'il disait de lui-même est donc vrai : il est effectivement le Fils de Dieu, le Messie promis, le seul Sauveur du monde, la Vérité ; et ce qu'il disait concernant les Juifs et leurs chefs religieux de l'époque est également confirmé, ce qui porte un grand coup à leur prestige et leur prétention.

Troisième cause : Le message de la résurrection provoque la jalousie des chefs religieux

Ils se vantaient d'être sages et d'avoir la connaissance de la loi, tandis qu'ils ne pouvaient pas, comme Jésus le répétait, connaître le signe du Fils de l'homme. Le message de la résurrection les fait donc passer pour des aveugles et des ignorants spirituels ; car s'ils avaient su, ils n'auraient pas crucifié le Seigneur de gloire. En voyant leur prestigieuse position menacée et à cause de leur orgueil, ils cherchaient par tous les moyens à étouffer et à contrecarrer le message de la résurrection. Depuis l'annonce de la garde placée devant le tombeau de Jésus pour arriver à la prédication des Apôtres, les chefs religieux ont eu toutes sortes de manèges et de manigances pour empêcher que la nouvelle se propage, mais sans succès. La nouvelle s'est fort heureusement propagée et est parvenue jusqu'à nous aujourd'hui. Au contraire, si leur projet avait abouti, ce message aurait déjà été enterré et placé dans les annales de l'oubli.

Il est aussi important de noter qu'il y avait une rumeur qui précédait le message de la résurrection.

Selon cette rumeur peu crédible, les disciples auraient volé le corps de Jésus. Donc, en ce qui concerne la résurrection, deux informations étaient en circulation : L'une affirmait que le corps a été volé par les disciples ; elle était soutenue et financée par les autorités religieuses de l'époque.

L'autre affirmait que Jésus est réellement ressuscité; cette information était sévèrement combattue par les autorités religieuses et provinciales de l'époque et diffusée par un groupe d'hommes sans instruction, ne faisant pas partie de l'élite de l'époque.

De ces deux informations, L'une n'a pas changé de statut n'étant jamais pu être vérifiée : c'est donc demeurée une rumeur. À l'inverse, l'autre a fait de nombreux disciples et est mise sous forme de documents et diffusée dans le monde entier.

Celle qui était la plus persécutée et la moins soutenue est devenue aujourd'hui la plus attestée et la plus prêchée dans le monde entier. Mais quel tournant !

Rejet chez les Païens.
Comme pour les Juifs, les Païens ont aussi des problèmes profonds et personnels avec le message de la résurrection.

Premièrement, la résurrection renverse toutes les autres conceptions religieuses et philosophiques voire scientifiques sur la mort

Si la résurrection de Jésus est vraie, c'est une totale remise en question de tout ce que les humains ont compris et cru à propos de la mort depuis l'Antiquité jusqu'à nos jours. Si la résurrection est vraie, ce que Jésus disait concernant le jugement des pécheurs et ce qu'il disait de lui-même à savoir qu'il était leur unique Sauveur face au jugement dernier et face à la mort se trouve donc confirmé. Le message de la résurrection rend donc inconfortable toute vie en dehors des principes divins : il dérange ceux qui ne veulent pas accepter la Seigneurie de Jésus.

Secondement : Le message de la résurrection est selon eux invraisemblable

Le message de la résurrection est rejeté par les païens par ce qu'il semble improbable. Leurs conceptions purement naturalistes trouvent inconcevable l'idée qu'un mort ayant subi de telles atrocités puisse revenir à la vie. Les partisans du naturalisme ne croient pas en l'existence des miracles.

Les miracles : Pierre d'achoppement pour les païens

Mais comment comprendre ce rejet des miracles ? Est-il raisonnable de croire que les miracles ne se produisent jamais et que pour tout événement, il nous faut une explication naturelle sans laquelle tout événement doit être automatiquement mis au rang de légende ? Avant de répondre à ces questions nous devons établir ce qu'est un miracle. Pour le philosophe et apologiste Francis Beckwith un miracle est: *Une intervention divine qui se produit à l'encontre du cours normal de la nature dans un contexte historico-religieux important.*

Il ajouta encore :

Premièrement, une intervention divine fait référence à l'action d'un agent non naturel.

Deuxièmement, ce qui se produit contrairement au cours normal de la nature fait référence à un événement qui outrepasse les lois scientifiques, qui ne peut raisonnablement être expliqué ni par les actions d'agents naturels (par exemple, des êtres humains, des extraterrestres) ni par la nature laissée à elle-même. Troisièmement, un contexte historico-religieux significatif fait référence au but attaché au miracle en raison du moment, du lieu et de (ou pour) qui le miracle se produit. Autrement dit, le contexte historico-religieux de l'événement fonde généralement la signification existentielle et téléologique de l'événement et peut servir de base pour déduire la causalité de l'agent[32].

Ce qui signifie que pour Beckwith, un miracle n'est pas simplement une violation des lois naturelles comme le définit Hume, mais il s'inscrit insépara-

---

[32] Josh McDowell, Sean McDowell Evidence That Demands a Verdict: Life.Changing Truth for a Skeptical World Hardcover – Illustrated, October 3, 2017.p 1101

blement dans un contexte historico-religieux significatif. Derrière chaque miracle est cachée l'intention délibérée de Dieu d'intervenir dans l'histoire. C'est plus qu'une violation des lois naturelles, mais plutôt la manifestation d'une intention divine.

Purtill va également dans le même sens. Il définit un miracle :

« Comme étant provoqué par la puissance de Dieu, une exception temporaire au cours ordinaire de la nature dans le but de montrer que Dieu a agi dans l'histoire[33]. »

- Certains critiques, comme Spinoza, rejettent l'idée des miracles sur la base que les miracles seraient une contradiction, non avec le monde naturel, mais avec la nature même de Dieu. Pour eux, les lois naturelles ne peuvent être violées. Spinoza affirme que :

Si quelqu'un affirmait que Dieu agit en violation des lois de la nature, il serait, ipso facto, obligé d'affirmer que Dieu a agi contre sa propre nature - une absurdité évidente.[34]

Comme Polkinghorne et d'autres l'ont répondu, pourquoi Dieu devrait-il choisir d'être limité à une seule façon de travailler ?

---

[33] Ibid

[34] Josh McDowell, Sean McDowell Evidence That Demands a Verdict: Life.Changing Truth for a Skeptical World Hardcover – Illustrated, October 3, 2017.p 1122

Étant donné que Dieu serait libre de travailler à travers le caractère aléatoire apparent de la nature (et des vies humaines) pour atteindre des objectifs à long terme, y a-t-il une raison pour laquelle Dieu ne pourrait pas parfois travailler différemment, pour communiquer quelque chose de spécial en le distinguant du général… ? Une telle supposition ne nécessite aucune incohérence dans le caractère de Dieu, seulement de multiples moyens d'atteindre des fins divines, tout comme les humains peuvent effectuer un travail physique soit directement, soit par une communication verbale qui suscite une réponse physique[35].

-D'autres rejettent les miracles parce qu'ils sont contraires à la science. Cependant, il est important de préciser que la science n'est pas équipée pour nous aider à expliquer ce qu'est un miracle.

 Pour keener :

De nombreuses personnes à tendance scientifique qui excluent a priori les explications surnaturelles peuvent le faire non pas parce que les données de leurs spécialités exigent cette approche, mais parce que leurs structures de plausibilité initiales reflètent des hypothèses philosophiques empruntées à l'extérieur de leur discipline. (Keener, MCNTA.) .

---

[35] Josh McDowell, Sean McDowell Evidence That Demands a Verdict: Life.Changing Truth for a Skeptical World Hardcover – Illustrated, October 3, 2017.p 1123

En ce sens, nous pouvons dire que les naturalistes rejettent les miracles non parce qu'ils peuvent prouver que c'est impossible : mais plutôt à cause des limites infranchissables qu'ils se sont eux-mêmes imposées, sur la base que les lois naturelles ne peuvent être violées. Par cette affirmation, ils se créent leur propre justification pour rejeter la résurrection de Jésus.

Pour la Bible, la cause la plus profonde qui se cache derrière ce rejet de la plupart des Juifs et des Païens pour le message évangélique se résume en ces versets :

- <u>**Concernant les Juifs la bible dit :**</u>

Mais ils sont devenus durs d'entendement. Car jusqu'à ce jour, le même voile demeure quand, ils font la lecture de l'Ancien Testament, et il ne se lève pas, parce que c'est en Christ qu'il disparaît. Jusqu'à ce jour, quand on lit Moïse, un voile est jeté sur leurs cœurs ; mais lorsque les cœurs se convertissent au Seigneur, le voile est ôté… (2cor 3 :14-15)

- <u>**Concernant les Païens la bible dit :**</u>

Si notre Évangile est encore voilé, il est voilé pour ceux qui périssent ; pour les incrédules dont le dieu de ce siècle a aveuglé l'intelligence, afin qu'ils ne vissent pas briller la splendeur de l'Evangile de gloire de Christ, qui est l'image de Dieu… (2 cor 4 :3)

Les Théories alternatives à la résurrection et réponses

Tous les faits entourant l'existence historique de Jésus, à savoir : le procès, la crucifixion, l'enterrement, les gardes, le sceau ou le tombeau vide sont, comme nous l'avons déjà vu, bien établis. Les preuves historiques à l'appui de ces événements sont si solides que peu de sceptiques nient ces événements essentiels à propos de Jésus. Cependant, refusant d'accepter la résurrection comme un fait, de nombreuses théories ont été avancées pour tenter de montrer que la résurrection de Jésus-Christ ne s'était jamais produite.

Ces théories consistent à donner une interprétation alternative au récit de la résurrection. Ces interprétations sont, soient légendaires ou mythiques, soient naturalistes. Néanmoins, nous constatons qu'il nous faudra beaucoup plus de foi pour croire certaines de ces théories que pour accepter l'explication offerte dans le Nouveau Testament.

Pour citer John Ankerburg et John Weldon : *Pratiquement toutes les théories jamais proposées pour expliquer le tombeau vide, autres que la résurrection du Christ, sont considérablement plus difficiles à croire que la résurrection elle-même.*[36]

---

[36]

Passons en revue ces différentes théories :

Première théorie : La résurrection est un mythe

Pour de nombreux professeurs d'université, d'auteurs libéraux et de sceptiques sur les réseaux sociaux, l'inspiration du Nouveau Testament de la mort et de la résurrection du Christ serait empruntée du paganisme.

Réponse : *Les nombreux "parallèles" supposés entre la doctrine chrétienne de la résurrection et les dieux païens sont grandement exagérés. Les érudits décrivent souvent les rituels païens dans un langage qu'ils ont emprunté au christianisme. Des mots comme « baptême » et « résurrection » sont souvent attribués sans discernement aux actes des divinités païennes, même lorsqu'ils ont peu en commun avec les croyances chrétiennes[37].*

Il est essentiel de noter que, bien que le terme "résurrection" puisse apparaître dans certaines mythologies païennes, sa signification dans la théologie chrétienne est véritablement unique. L'associer à des mythes païens serait une exagération. À la page 123, nous examinerons plus en détail le sens original et distinct de la résurrection dans la théologie chrétienne.

---

[37] Evidence for the Resurrection: What It Mean for Your Relationship with God, 2008.p 135

Deuxième théorie : Le véritable tombeau de Jésus était inconnu.

Les partisans de ce point de vue affirment que le corps de Jésus a été jeté dans une fosse commune réservée aux exécutés, plutôt que déposé dans un tombeau neuf. Cette théorie est liée à la croyance que ceux qui étaient crucifiés étaient habituellement jetés dans une fosse commune.

Réponse : La surprenante découverte des restes d'un crucifié a renversé cette théorie. La Découverte en 1968, dans une tombe familiale à l'extérieur de Jérusalem des restes d'un certain Yohanan a frappé au cœur même de cette théorie. Yohanan avait été crucifié, mais il a quand même été enseveli. Comme nous l'avons déjà vu l'historien, Joséphe a également enregistré la pratique courante des romains permettant aux Juifs d'enterrer leurs propres morts.

Troisième théorie : Les femmes se sont trompées de tombeau.

Réponse : Pour croire la théorie du mauvais tombeau, il faudrait dire que non seulement les femmes se sont trompées de tombeau, mais qu'il faut aussi rallonger la liste avec Pierre et Jean, les Juifs, les gardes, le Sanhédrin : et que même les anges aussi se sont trompés de tombeau. Cette théorie est plus déraisonnable que la résurrection elle-même.

Pour Craig : *Si la résurrection était une erreur colossale basée sur l'erreur des femmes, alors les ennemis du christianisme auraient été plus qu'heureux de le signaler, en indiquant où se trouvait la tombe correcte, ou peut-être même en exhumant le corps. L'idée que la résurrection découle du fait que les femmes se sont trompées de tombeau est trop superficielle.*[38]

Six arguments contre la théorie du mauvais tombeau

On pourrait ajouter également la position de Habermas et Licona concernant la théorie du mauvais tombeau. Ils l'expliquent en six points :

1. Même si les disciples étaient allés au mauvais tombeau, cela n'explique pas leur croyance qu'ils avaient vu Jésus ressuscité.

2. Le témoignage des Évangiles est que le tombeau vide n'avait convaincu personne. Marie a conclu que le jardinier avait volé le corps. Les disciples n'y ont pas cru en voyant le tombeau vide, mais ils étaient plutôt confus.

3. Le persécuteur de l'Église, Paul s'est converti sur la base de l'apparition de Jésus ressuscité, et non sur la base du tombeau vide. Paul aurait supposé que quelqu'un avait volé le corps ou que la mauvaise tombe avait été visitée.

4. Un sceptique comme Jacques n'aurait pas été convaincu simplement par un tombeau vide. Comme Paul, Jacques a été convaincu par une apparition.

---

[38] Evidence for the Resurrection: What It Mean for Your Relationship with God, 2008.p 181

5. Aucune source ne soutient la théorie de la fausse tombe. Si les femmes et les disciples s'étaient trompés de tombeau, tout ce que les autorités romaines et juives auraient eu à faire aurait été de se rendre au bon tombeau, d'exhumer le corps, de l'exposer publiquement et de dissiper le malentendu. Pourtant, pas un seul critique n'est enregistré pour avoir même pensé à cette explication de la résurrection au cours des premiers siècles du christianisme.

6. La preuve suggère que l'emplacement de la tombe était connu, parce qu'un homme bien connu, Joseph d'Arimathée, a enterré Jésus dans son propre tombeau. Si l'enterrement de Jésus par Joseph était une invention, alors nous pourrions nous attendre à ce que les anciens critiques déclarent que Joseph a nié cette version de l'histoire. Ou les critiques auraient pu nier l'existence de Joseph s'il avait été un personnage fictif. (Habermas et Licona, CRJ, 97-98)

Quatrième théorie : La théorie de la légende
Pour certains sceptiques, la résurrection de Jésus est une légende inventée après l'époque de Jésus.

Réponse : Comme nous l'avons vu dans le chapitre concernant la fiabilité historique du Nouveau Testament, il serait impossible de créer une légende en si peu de temps : car il faut beaucoup de temps pour le faire ; et le laps de temps séparant le récit du Nouveau Testament des faits dont il s'agit était logiquement trop court. Il existe à la vérité beaucoup de mythes et de légendes autour des fondateurs religieux comme Bouddha, Lao-tseu et Mahomet.

Mais, dans chacun de ces cas, de nombreuses générations se sont écoulées avant que le mythe ne fasse surface. Contrairement à Jésus, au moment où l'on prêchait sa résurrection, il y avait plus de 500 témoins vivants qui pouvaient l'attester.

À la question de savoir s'il était possible que le récit de la résurrection soit une légende, Josh répond ainsi :

En réalité, ce serait impossible. Les récits de la résurrection ont été diffusés et écrits par les témoins oculaires originaux. Paul a raconté qu'au milieu des années 50 après JC, il y avait près de 500 témoins oculaires de première main encore en vie. ... Cela était déjà bien connu dans les trois à huit ans de l'époque du Christ.[39]

Cinquième théorie : La théorie de la résurrection spirituelle

Selon cette théorie, le corps de Jésus s'était décomposé dans la tombe et que sa véritable résurrection était spirituelle et non corporelle.

Réponse : En effet, la théorie de la résurrection spirituelle est très éloignée de la définition du mot à la fois pour les Juifs et les Païens de l'Antiquité.

Pour Wright *:*

---

[39] Evidence for the Resurrection: What It Mean for Your Relationship with God, 2008.p 181

La signification de la « résurrection », à la fois dans le monde juif et non-juif de l'Antiquité tardive, n'a jamais été que la personne concernée était simplement « allée au ciel » ou avait été « exaltée » d'une manière qui n'impliquait pas une nouvelle vie corporelle[40].

Wright affirma encore que concernant les états post-mortem, il y avait une riche variété de termes pour les désigner, mais ils n'étaient jamais confondus avec l'idée de la résurrection.

Dans aucune culture ancienne, la résurrection n'a jamais fait référence à autre chose qu'à la résurrection corporelle.

Pour Josh :

Une résurrection non corporelle aurait été tout aussi illogique qu'un cercle carré ou un célibataire marié[41].

À cela nous pouvons ajouter un autre fait : Le corps d'un mort ne peut être totalement décomposé en trois jours. Donc il est tout à fait logique que la résurrection de Jésus fût corporelle.

---

[40] Josh McDowell, Sean McDowell Evidence That Demands a Verdict: Life.Changing Truth for a Skeptical World Hardcover – Illustrated, October 3, 2017. p 463

[41] Josh McDowell, Sean McDowell Evidence That Demands a Verdict: Life.Changing Truth for a Skeptical World Hardcover – Illustrated, October 3, 2017. p 465

Sixième théorie : La théorie des hallucinations

C'est la plus répandue d'entre elles. Elle affirme que les témoins pensaient seulement avoir vu Jésus ressuscité. Mais qu'en réalité, ils hallucinaient. Par cette théorie, toutes les apparitions post-résurrection du Christ doivent être rejetées.

Réponse :

Paley répond aux allégations selon lesquelles les apparitions de la résurrection étaient le résultat d'un « enthousiasme religieux » (c'est-à-dire, étaient des hallucinations) en argumentant que la théorie échoue à plusieurs égards. Tout d'abord, pas seulement une personne, mais plusieurs ont vu Christ apparaître. Deuxièmement, ils ne l'ont pas vu individuellement mais ensemble. Troisièmement, ils l'ont vu apparaître non pas une seule fois, mais plusieurs fois. Quatrièmement, non seulement ils l'ont vu, mais ils l'ont touché, conversé avec lui et ont mangé avec lui. Cinquièmement et de manière décisive, l'hypothèse de l'enthousiasme religieux échoue à expliquer la non-production du corps. Il aurait été impossible pour les disciples de Jésus de croire à la résurrection de leur maître si son cadavre gisait encore dans le tombeau. Mais il est tout aussi incroyable de supposer que les disciples auraient pu voler le corps et perpétrer une supercherie. (Craig, RF, 338)

Pour montrer encore l'improbabilité de l'hallucination chez les disciples nous pouvons citer cette référence :

Puisque les hallucinations sont des événements mentaux sans référent externe, on ne peut pas partager l'hallucination d'autrui. En ce sens, les hallucinations sont similaires aux rêves.

En conséquence, je ne pouvais pas réveiller ma femme au milieu de la nuit et lui dire que je fais un rêve que je suis à Hawaï, puis la faire se rendormir et me rejoindre dans mon rêve où nous profiterions de vacances gratuites. Nous pouvons à la fois nous rendormir et rêver d'être dans Hawaï où nous sommes tous les deux présents. Mais il est hautement improbable que nous fassions le même rêve et que nous ayons les mêmes conversations dans les deux rêves. (Licona, R.J, 484).

Les faits marquants de la résurrection
Le tombeau vide

Les femmes l'ont attesté.

Dans la culture méditerranéenne du premier siècle, compte tenu du faible statut de témoins crédibles des femmes aux yeux du peuple et des tribunaux, leur témoignage avait peu de valeur. En ce sens, si l'on voulait convaincre les gens que le tombeau est vide et que Jésus est ressuscité, on n'aurait pas cité les femmes comme les premiers témoins oculaires.

Pour citer Josh :

Pourquoi les auteurs des Évangiles inventeraient-ils ces détails pour étayer leur histoire ? Ils connaissaient leur culture bien mieux que nous, et s'ils inventaient une histoire, ils ne la commenceraient pas par une histoire pour jeter leur nouvelle religion sous un si mauvais jour. Ce ne serait pas une bonne façon de commencer leur mythe. L'identification par les Écritures des femmes comme les premiers témoins du tombeau vide soutient ainsi la véracité historique des récits[42].

Moreland partage également le même point de vue:

Il est fort probable que la résurrection ait été prêchée à Jérusalem quelques semaines seulement après la crucifixion. Si le tombeau n'avait pas été vide, une telle prédication n'aurait pas pu avoir lieu.

Le corps de Jésus aurait pu être produit, et comme il est probable que l'emplacement de la tombe de Joseph d'Arimathée était bien connue (il était un membre respecté du Sanhédrin), il n'aurait pas été difficile de trouver où Jésus a été enterré. (Moreland, SSC, 161)

Les vêtements funéraires

Dans le récit suivant, Jean montre l'importance des vêtements funéraires comme preuve de la résurrection :

... s'étant baissé, il vit les bandes qui étaient à terre, cependant il n'entra pas. Simon Pierre, qui le suivait, arriva et entra dans le sépulcre ; il vit les bandes qui étaient à terre, et le linge qu'on avait mis

---

[42] Josh McDowell, Sean McDowell Evidence That Demands a Verdict: Life.Changing Truth for a Skeptical World Hardcover – Illustrated, October 3, 2017.

sur la tête de Jésus, non pas avec les bandes, mais plié dans un lieu à part. (Jean 20: 5-7)

Ces détails constituent au fait une preuve extraordinaire que le corps de Jésus ne fut pas volé : car si c'était le cas, les bandes qui l'avaient enveloppé n'auraient pas été arrangées avec un si grand soin.

Les diverses apparitions de Jésus

Il y a plusieurs cas distincts où Jésus est mentionné comme apparaissant à des individus ou à des groupes de personnes après sa mort, son enterrement et sa résurrection :

1. Marie-Madeleine : Jean 20 :11-18
2. Femmes sortant du tombeau : Matthieu 28 :8-10
3. Disciples d'Emmaüs : Luc 24 :13-35 4.
4. Simon Pierre : Luc 24 :34 (voir aussi 1 Corinthiens 15 :5)
5. Les disciples sans Thomas : Luc 24 :36-43
6. Les disciples avec Thomas : Jean 20 :24-29
7. Les disciples à la mer de Galilée (Tibériade) : Jean 21 :1, 2
8. Les disciples sur une montagne en Galilée : Matthieu 28 :16, 17
9. Les disciples : Luc 24 :50– 52
10. Les 500 croyants : 1 Corinthiens 15 :6
11. Jacques (demi-frère de Jésus) : 1 Corinthiens 15 :7a
12. Paul (un ennemi de l'Église) : Actes 9 :3-6

L'existence de l'Église chrétienne

L'Église a pris naissance avec la résurrection, c'est de la résurrection de Jésus que les Apôtres puisait la force et le contenu de leurs témoignages en dépit de toutes les persécutions qu'ils avaient subies.

Le mouvement chrétien était un mouvement de résurrection depuis sa création : c'est-à-dire que « croire en Jésus » signifiait toujours « croire qu'il était ressuscité du tombeau, ayant vaincu la mort et le péché ». Aucune preuve n'existe que les premiers chrétiens considéraient la résurrection comme secondaire ; plutôt, la centralité de la résurrection dans les premières croyances, qui sont antérieures à la rédaction des livres du Nouveau Testament (par exemple, Rom 1 : 3-4 ; 4 : 24b-25 ; 1 Th 4 : 14 ; 1 Co 15 : 3- 7), montre exactement le contraire — que la résurrection, sa réalité historique, a elle-même fondé la foi en Jésus en tant que Messie. La résurrection occupait également une place centrale dans le kérygme apostolique tel que représenté dans les résumés de sermons dans les Actes (Actes 2 :24). Depuis les premiers écrits de la foi chrétienne jusqu'aux écrits des Pères apostoliques, il est évident que les apôtres avaient foi en la résurrection. (McDowell, FA, 23-24)

Explications sur les apparentes contradictions du récit de la résurrection.

En dépit du fait que les preuves de la résurrection sont bien établies, certains s'obstinent encore à voir des contradictions dans le récit néotestamentaire. Dans cette partie de notre étude nous allons passer en revue ces apparentes contradictions.

Dans le récit des femmes présentes à Golgotha lors de la crucifixion, les évangélistes se contredisent-ils ?

EVANGILES	
Matthieu 27 :55-56	Il y avait là plusieurs femmes qui regardaient de loin; qui avaient accompagné Jésus depuis la Galilée, pour le servir. Parmi elles étaient Marie de Magdala, Marie, mère de Jacques et de Joseph, et la mère des fils de Zébédée.
Marc 15 :40	Il y avait aussi des femmes qui regardaient de loin. Parmi elles étaient Marie de Magdala, Marie, mère de Jacques le mineur et de Joses, et Salomé,
Luc 23 :49	Tous ceux de la connaissance de Jésus, et les femmes qui l'avaient accompagné depuis la Galilée, se tenaient dans l'éloignement et regardaient ce qui se passait…

Jean 19 :25	Près de la croix de Jésus se tenaient sa mère et la soeur de sa mère, Marie, femme de Clopas, et Marie de Magdala.

Explications

Les évangélistes ne se contredisent pas.

Mathieu nous dit : *Il y avait là plusieurs femmes qui regardaient...*

Marc nous dit : *Il y avait aussi des femmes qui regardaient...*

Luc nous dit : *Tous ceux de la connaissance de Jésus, et les femmes... regardaient*

Aucun des Évangélistes ne fournit une liste exhaustive des femmes qui étaient présentes à Golgotha pendant la crucifixion, mais ils sélectionnent plutôt certains noms parmi elles.

Mathieu nous dit : *Parmi elles étaient : Marie de Magdala, Marie, mère de Jacques et de Joseph, et la mère des fils de Zébédée.*

Marc nous dit : *Parmi elles étaient : Marie de Magdala, Marie, mère de Jacques le mineur et de Joses, et Salomé,*

Quant à Luc, il ne cite pas de nom, il dit tout simplement : *Les femmes.*

Qu'en est-il de Jean ?

Avant d'aborder le cas de l'Évangile de Jean, il est important de mentionner que les trois premiers Évangiles nous donnent un détail important concernant la distance des femmes par rapport à la croix.

-Mathieu nous dit que : Les femmes regardaient de loin

-Marc nous dit aussi que : Les femmes regardaient de loin

-Luc nous dit que : Les femmes se tenaient dans l'éloignement et regardaient ce qui se passait.

Quant à Jean, il nous décrit une scène tout à fait différente, il met l'emphase sur un autre moment de l'événement, il nous parle de ce qui s'est passé près de la croix. Ce qui signifie qu'entre la scène rapportée par les trois autres Évangiles et celui de Jean, il y eut une progression. Quelques-unes d'entre-elles se sont finalement rapprochées de la croix, évidemment elles n'étaient pas clouées là où elles étaient ! Mais elles suivaient plutôt à distance une première partie de la crucifixion et ensuite elles (la mère de Jésus et la sœur de sa mère, Marie, femme de Clopas, et Marie de Magdala) se sont rapprochées de la croix et c'est là que Jésus s'est adressé à Marie et à Jean. Cette séquence n'est pas mentionnée dans les autres Évangiles, où les femmes se trouvent à une distance les empêchant de communiquer avec Jésus. En revanche, dans l'Évangile de Jean, elles sont proches et peuvent échanger avec lui.

Comme nous le dit l'évangile de Jean :

Près de la croix de Jésus se tenaient sa mère et la sœur de sa mère, Marie, femme de Clopas, et Marie de Magdala. Jésus, voyant sa mère, et auprès d'elle le disciple qu'il aimait, dit à sa mère : Femme, voilà ton fils. Puis il dit au disciple : Voilà ta mère. Et, dès ce moment, le disciple la prit chez lui.

Pour résumer ce point, nous pouvons dire que :

1. Plusieurs femmes étaient présentes.

2. Chaque Evangile mentionne quelques noms parmi celles qui étaient là, sans fournir une liste exhaustive.

3. Certains Evangiles (Matthieu, Marc, Luc) soulignent que les femmes observaient la scène de la crucifixion de loin.

4. L'évangile de Jean met en avant le moment où certaines femmes se sont approchées de la croix, moment durant lequel Jésus s'est adressé à Marie et à Jean.

Ainsi, la cohérence des récits des quatre évangiles face à cette prétendue contradiction est clairement établie.

Dans le récit des femmes présentes à l'enterrement de Jésus, les évangélistes se contredisent-ils ?

EVANGILES	
Math 27.61	Marie de Magdala et l'autre Marie étaient là, assises vis-à-vis du sépulcre.
Marc 15.47	Marie de Magdala, et Marie, mère de Joses, regardaient où on le mettait.
Luc 23.55	Les femmes qui étaient venues de la Galilée avec Jésus accompagnèrent Joseph, virent le sépulcre et la manière dont le corps de Jésus y fut déposé,
Jean	X XX

Pour relever ces apparentes contradictions, il nous faut analyser minutieusement ces passages.

Commençons par Luc, il nous dit que :

Les femmes qui étaient venues de la Galilée avec Jésus accompagnèrent Joseph, virent le sépulcre et la manière dont le corps de Jésus y fut déposé.

Matthieu et Marc nous donnent une précision sur Marie de Magdala et l'autre Marie

Matthieu nous dit : Qu'elles étaient assises vis-à-vis du sépulcre.

Marc nous dit : Qu'elles regardaient où on mettait Jésus.

Ce qu'il faut retenir

1. Toutes les femmes n'étaient pas assises vis-à-vis du sépulcre, seulement deux d'entre-elles étaient dans cette position-là : Marie de Magdala et l'autre Marie

2. Toutes les femmes n'ont pas vu l'intérieur du sépulcre, seulement celles (Marie de Magdala et l'autre Marie) qui étaient assises vis-à-vis du sépulcre ont pu voir l'endroit exact où l'on mettait le corps de Jésus

3. Ce que toutes les femmes ont vu, c'est l'extérieur du sépulcre et la manière dont le corps y fut déposé. Jean nous dit la manière dont le corps y fut déposé :

Ils prirent donc le corps de Jésus, et l'enveloppèrent de bandes, avec les aromates, comme c'est la coutume d'ensevelir chez les Juifs. (Jean 19 :40.)

Ainsi nous pouvons dire que : Ce que les gens appellent contradictions ne sont en réalité que des légères différences qui rendent les textes plus précis.

Dans le récit des femmes allant au tombeau le premier jour de la semaine, les évangélistes se contredisent-ils ?

EVANGILES	
Math 28 :1	Après le sabbat, à l'aube du premier jour de la semaine, Marie de Magdala et l'autre Marie allèrent voir le sépulcre.
Marc 16 : 1-2	Lorsque le sabbat fut passé, Marie de Magdala, Marie, mère de Jacques, et Salomé, achetèrent des aromates, afin d'aller embaumer Jésus.Le premier jour de la semaine, elles se rendirent au sépulcre, de grand matin, comme le soleil venait de se lever.
Luc 23.55	Le premier jour de la semaine, elles se rendirent au sépulcre de grand matin, portant les aromates qu'elles avaient préparé.
Jean 20.1	Le premier jour de la semaine, Marie de Magdala se rendit au sépulcre dès le matin, comme il faisait encore obscur; et elle

	vit que la pierre était ôtée du sépulcre.

Comment comprendre le choix de Mathieu de citer seulement le nom de deux (2) femmes dont : Marie de Magdala et l'autre Marie ?

Comment comprendre le choix de Marc de citer seulement le nom de trois (3) femmes dont : Marie de Magdala, Marie, mère de Jacques, et Salomé ?

Comment comprendre le choix de Jean de citer le nom d'une seule femme : Marie de Magdala ?

Quant à Luc, il nous rapporte seulement que les femmes se sont rendues au tombeau sans mentionner leurs noms.

Comment expliquer ces divergences ?

Matthieu, une fois de plus, comme dans le chapitre 27, verset 57, met l'accent sur Marie de Magdala et l'autre Marie. Elles étaient les seules à voir l'endroit exact où l'on déposait le corps de Jésus et les seules à être assises vis-à-vis du sépulcre lors de l'enterrement de Jésus. Ainsi, Matthieu choisit volontairement de mettre davantage l'accent sur ces deux témoins que sur quiconque d'autre. Elles connaissaient avec précision l'endroit exact où l'on avait mis le corps de Jésus, ce qui renverse complètement la théorie selon laquelle les femmes se seraient trompées de tombeau.

Marc, également poursuit son récit avec les mêmes noms qu'il avait choisi dans le chapitre 15 :40. N'oublions pas que dans ce verset, Marc admet qu'il y avait plusieurs femmes et qu'il avait cité quelques noms parmi ces femmes. Donc, Marc reste cohérent, il continue son récit avec les mêmes noms qu'il avait choisi précédemment.

Luc adopte aussi la même démarche, comme dans le récit de la crucifixion, il ne cite aucun nom.

Jean adopte une position totalement différente par rapport aux autres Évangiles. Il choisit plutôt de mettre toute l'attention sur Marie de Magdala, car elle fut en réalité le premier témoin de la résurrection.

Donc, nous pouvons dire que les récits post-résurrection rapportés dans les Évangiles, bien qu'ayant quelques différences ne sont pas contradictoires, mais ils reflètent plutôt le choix personnel et l'objectif visé par chacun des évangélistes.

Dernières lumières sur les apparentes contradictions des Évangiles

Comme nous venons de le voir, les récits de la résurrection ne sont pas contradictoires mais, cela dépend plutôt de la manière dont on fait la lecture. Les évangélistes, chacun à leur manière ont partagé avec nous l'essentiel de ce qui s'est réellement passé.

Leurs récits misent ensemble, se complètent plutôt que de se contredire ; en voici quelques autres exemples :

Le récit de la pierre roulée
Marc nous dit :

Elles disaient entre elles : Qui nous roulera la pierre loin de l'entrée du sépulcre ? Et, levant les yeux, elles aperçurent que la pierre, qui était très grande, avait été roulée. (Marc 16 :3-4)

Luc nous dit :

Le premier jour de la semaine, elles se rendirent au sépulcre de grand matin, portant les aromates qu'elles avaient préparés. Elles trouvèrent que la pierre avait été roulée de devant le sépulcre;(Luc 16 :1)

Jean nous dit :

Le premier jour de la semaine, Marie de Magdala se rendit au sépulcre dès le matin, comme il faisait encore obscur ; et elle vit que la pierre était ôtée du sépulcre. Jean 20 :1-2

En lisant Matthieu, vous pourriez avoir comme première impression que contrairement aux autres évangélistes, Matthieu veut nous montrer que les femmes étaient présentes lorsque la pierre fut roulée.

Après le sabbat, à l'aube du premier jour de la semaine, Marie de Magdala et l'autre Marie allèrent voir le sépulcre. Et voici, il y eut un grand tremblement de terre ; car un ange du Seigneur descendit du ciel, vint rouler la pierre, et s'assit dessus. Son aspect était comme l'éclair, et son vêtement blanc comme la neige. Les gardes tremblèrent de peur, et devinrent comme morts. Mais l'ange prit la parole, et dit aux femmes : Pour vous, ne craignez pas ; car je sais que vous cherchez Jésus qui a été crucifié. Il n'est point ici ; il est ressuscité, comme il l'avait dit. Venez, voyez le lieu où il était couché, et allez promptement dire à ses disciples qu'il est ressuscité des morts. Et voici, il vous précède en Galilée : c'est là que vous le verrez. Voici, je vous l'ai dit. (Matthieu 28:1-7)

Matthieu, dans ce passage, ne dit pas que les femmes étaient présentes lorsque la pierre fut roulée, mais il présente plutôt la manière dont la pierre fut roulée. Car si elles étaient présentes au moment où la pierre fut roulée, elles auraient quand même vu Jésus sortir. Et l'ange ne leur aurait pas demandé d'entrer pour voir l'endroit où l'on avait mis Jésus.

Il existe de nombreux autres exemples de contradictions apparentes dans les récits de la résurrection, mais le texte biblique parvient à résoudre ces problèmes à chaque fois. Ainsi, le lecteur attentif et honnête trouvera toujours un moyen de concilier ces contradictions apparentes.

Comme le dit **Robert M. Horn** :

Réfléchissez un instant à ce qu'il faut démontrer concernant une « difficulté » pour la transférer dans la catégorie d'un argument valable contre la doctrine. Certes, il faut bien plus que la simple apparence d'une contradiction, nous devons être certains, premièrement que nous avons bien compris le passage, le sens dans lequel il utilise des mots ou des chiffres. Deuxièmement, que nous possédons toutes les connaissances disponibles en la matière. Troisièmement, qu'aucune autre lumière ne peut être jetée dessus par l'avancement des connaissances, la recherche textuelle, l'archéologie, etc. Les difficultés ne constituent pas des objections. Les problèmes non résolus ne sont pas nécessairement des erreurs. Il ne s'agit pas de minimiser la zone de difficulté ; c'est de le voir en perspective. Les difficultés doivent être affrontées et les problèmes doivent nous pousser à chercher une lumière plus claire ; mais jusqu'à ce que nous ayons une lumière totale et définitive sur une question, nous ne sommes pas en mesure d'affirmer : "Voici une erreur prouvée, une objection incontestable à une Bible infaillible". Il est de notoriété publique que d'innombrables « objections » ont été entièrement résolues depuis le début de ce siècle[43].

Questions pertinentes sur la résurrection de Jésus

1) Si Jésus est véritablement ressuscité, pourquoi n'est-il pas apparu à tous, mais seulement à ses disciples ?

La manière dont le texte biblique relate la résurrection de Jésus est à la fois simple et sincère, ce qui

---

[43] Josh McDowell, Sean McDowell Evidence That Demands a Verdict: Life.Changing Truth for a Skeptical World Hardcover – Illustrated, October 3, 2017.p 216

est frappant. On aurait pu embellir le récit en affirmant que Jésus est apparu à Jérusalem et que tout le monde l'a vu, rendant ainsi l'histoire plus spectaculaire et captivante.

Cependant, ni Jésus ni les auteurs du Nouveau Testament n'avaient l'intention de séduire leur auditoire par des effets de spectacle. Jean mentionne que Jésus a accompli de nombreux miracles, mais pourquoi ne pas en rapporter davantage au lieu de se limiter à quelques-uns ?

Leur objectif n'était pas de présenter Jésus comme un super-héros ou un personnage extraordinaire. Les événements qu'ils ont choisis de relater étaient uniquement ceux qui avaient une importance cruciale pour le Salut. Le but des Évangiles n'était pas de faire de Jésus une star, mais de le présenter comme le Sauveur. L'accent était mis non pas sur ses miracles, mais sur sa Mission Salvatrice. Si Jésus n'est pas le Sauveur de l'humanité, alors ses miracles ne seraient que des spectacles.

D'ailleurs, si les évangélistes avaient voulu créer un "show" autour de Jésus, ils n'auraient pas limité leur récit à si peu de miracles. Jésus aussi ne cherchait pas à faire du spectacle ; ce n'était pas son intention. Il a constamment refusé les incitations de Satan, de ses frères et des pharisiens à se produire. Même à la croix, lorsqu'il était mis au défi, il a refusé de céder. Jésus a clairement montré que son unique but était le Salut. Il agissait toujours dans le cadre de sa Mission Salvatrice. En dehors de ce cadre, il ne souhaitait pas se montrer : tout ce qui ne pouvait pas contribuer au salut des hommes n'était pas dans son plan.

Les disciples, guidés par le Saint-Esprit, ont également agi de la même manière, ne rapportant que ce qui pouvait apporter le Salut aux hommes. Le fait que Jésus soit apparu uniquement à ses disciples après sa mort révèle une vérité profonde : Le message de la résurrection n'était pas un ajout tardif au mouvement chrétien.

Si tel était le cas, il aurait été facile pour quiconque, deux cents ans plus tard, d'affirmer que Jésus était apparu à tout le monde. Cependant, le faire alors que les contemporains de Jésus, notamment ses détracteurs, étaient encore vivants aurait été problématique. Ils auraient pu facilement démentir cette affirmation.

En tenant compte de la période à laquelle les quatre Évangiles ont été écrits, la plupart des premiers témoins oculaires (partisans et détracteurs) du ministère de Jésus étaient encore en vie, ce qui aurait permis de discréditer facilement l'histoire. Les disciples ne pouvaient pas mentir sur son ministère, ses miracles et sa résurrection, car sa crucifixion et son enterrement étaient des faits bien connus à l'époque, et il y avait suffisamment de témoins pour contredire le récit de la résurrection. Ils devaient donc se limiter à des faits.

Le fait que les évangélistes rapportent que seuls les disciples ont vu Jésus ressuscité prouve qu'ils ne cherchaient pas à tromper leurs lecteurs. Dire que Jésus a été vu uniquement par ses disciples n'est pas un bon point pour eux, car cela aurait donné aux détracteurs l'occasion de remettre en question leur message. Ils auraient pu affirmer qu'il s'agissait d'une histoire fabriquée par les disciples.

Ainsi, nous constatons que dans les deux cas, les évangélistes n'avaient d'autre choix que de dire la vérité. Affirmer que tout le monde avait vu Jésus aurait été démenti par les détracteurs, tandis que dire que seuls les disciples l'avaient vu aurait pu amener les gens à douter de leur témoignage et à le considérer comme une mise en scène.

Jésus est apparu uniquement aux disciples parce qu'il voulait qu'ils soient les porteurs du message de la résurrection. Il les a préparés pour cela pendant trois ans, souhaitant qu'ils soient la source officielle et autorisée de son message, leur disant : « Vous serez mes témoins. »

Ainsi, l'objectif de Jésus, qui était de former ses disciples pour être ses témoins et non des acteurs de spectacle, a été atteint. Les auteurs des Évangiles poursuivent également ce même objectif. S'ils avaient voulu créer un spectacle, ils auraient mentionné davantage de miracles et n'auraient pas omis des moments clés de sa vie, comme sa crucifixion, où il était mis au défi. Ils auraient décrit de manière triomphale la sortie de Jésus du tombeau, mais il n'y a pas un seul verset sur la manière dont il en est sorti. La façon dont son corps a été mis dans le tombeau est décrite, mais pas celle dont il en est sorti. On nous parle des anges, de la pierre roulée, des gardes tombant comme morts à cause des anges, de l'endroit où le corps de Jésus a été déposé, des bandelettes qui l'enveloppaient, mais aucune mention de la manière dont Jésus a quitté le tombeau.

Plutôt que de mettre Jésus en avant, les évangélistes préfèrent fournir au lecteur des preuves matérielles de la résurrection. Les éléments matériels de sa résurrection sont mis en avant : la grosse pierre roulée par l'ange, les gardes devant le tombeau devenant comme morts, les femmes parlant aux anges, les femmes constatant la pierre roulée, les disciples se rendant au tombeau, Pierre voyant les bandelettes qui enveloppaient son corps. Toutes ces choses ont précédé la première apparition de Jésus à Marie de Magdala. Les évangélistes présentent d'abord les preuves matérielles et les témoins avant de présenter Jésus. L'événement est décrit avec simplicité, et professionnalisme.

2) Peut-on harmoniser les différents récits des quatre évangiles sur la résurrection de Jésus ?

Les arguments présentés dans cette partie du livre sont tirés d'un article d'Henri Blocher publié sur le site Évangile21 et du site GotQuestions.

La diversité des témoignages confirme plutôt qu'elle n'infirme leur solidité. **Henri Blocher**

La résurrection de Jésus est un événement extraordinaire qui a suscité une profonde émotion chez ses disciples. Chaque évangéliste a rapporté les faits à sa manière, sans se contredire pour autant. Les évangélistes comme le dit Henri Blocher nous font saisir un peu de l'ambiance de cette journée bouleversante, avec toutes ses allées et venues, ses tourbillons de doute et de foi.

L'un mettra l'accent sur un aspect, tandis qu'un autre se concentrera sur un autre point, mais le cœur de l'histoire demeure le même : Jésus est ressuscité, le tombeau est vide, et il est apparu aux femmes puis à d'autres disciples. Comme le souligne encore Henri Blocher, pour un lecteur qui ne soupçonne pas a priori les auteurs de fraude (même pieuse), il est tout à fait naturel de considérer ces récits comme complémentaires.

Examinons quelques contradictions apparentes.

Jérusalem et la Galilée

Matthieu et Marc soulignent que Jésus précède ses disciples en Galilée, où ils le verront, sans mentionner d'apparitions à Jérusalem. En revanche, Luc et Jean rapportent des apparitions à Jérusalem, notamment à Simon-Pierre et aux disciples d'Emmaüs. Cette divergence a conduit certains à parler de contradictions et à suggérer l'existence de deux courants au sein de l'Église, l'un galiléen et l'autre jérusalémite. Cependant, il est possible de considérer ces récits comme complémentaires plutôt que conflictuels.

Le quatrième évangile évoque des apparitions tant à Jérusalem qu'en Galilée, soulignant que Jésus, durant les Quarante jours après sa résurrection, confirme son enseignement et prépare ses disciples à leur mission sur le Royaume de Dieu. Bien que Jésus ait des liens avec Jérusalem, la Galilée est mise en avant par Matthieu et Marc, qui ont des racines galiléennes. Luc, quant à lui, insiste sur l'importance de Jérusalem dans l'histoire du salut, en rapportant les apparitions et l'Ascension qui s'y déroulent. Jean, bien qu'originaire de Galilée, aborde les deux lieux, reflétant ainsi une diversité d'approches au sein des évangiles.

La fin de Matthieu ne nous rapporte pas l'Ascension, mais une des apparitions galiléennes peut-être celle des 500 frères dans 1 Cor. 15 :16).

Les femmes et les anges

Les quatre évangélistes relatent la visite de Marie-Madeleine au sépulcre au lever du jour, accompagnée de différentes compagnes. Les critiques qui soulignent des contradictions dans leurs récits, en raison de l'absence d'une liste exhaustive des femmes présentes, semblent ignorer l'intention et le style de chaque évangile. Chaque auteur témoigne de ce qu'il sait, sans nécessité d'exiger plus de détails. Il est plausible que le groupe de femmes ait été constitué de plusieurs sous-groupes, et que Marie-Madeleine ait quitté les autres à la vue du tombeau vide. Les femmes ont peut-être ensuite dispersé pour informer les disciples cachés. Une interprétation flexible est donc souhaitable.

En examinant les trois premiers évangiles, on constate des différences dans les récits. Matthieu évoque un tremblement de terre et un ange, tandis que Marc mentionne la pierre roulée et des anges dans le sépulcre, et Luc parle de deux anges. Il est possible que le tremblement de terre ait eu lieu avant l'arrivée des femmes, ce qui permettrait de concilier les récits.

Luc ne contredit pas Matthieu et Marc en parlant de deux anges : il enrichit simplement leur témoignage. Les rencontres entre Jésus et les femmes, mentionnées par Matthieu et Jean, ont probablement eu lieu le même matin, sans précision sur le moment exact.

Les apparitions aux disciples

D'après Luc et Paul, Jésus est apparu le jour de Pâques à Pierre et aux disciples d'Emmaüs. En revanche, Jean mentionne qu'après deux apparitions dans la chambre haute, Jésus se montre une troisième fois à ses disciples au bord du lac. Bien qu'il puisse sembler contradictoire, il est en réalité assez simple de comprendre que ces apparitions se réfèrent aux disciples réunis en groupe. Il n'est donc pas nécessaire de chercher des querelles sur ce point.

Le sort de Judas

En parallèle avec l'histoire de la passion et de sa conclusion glorieuse, deux évangélistes évoquent le sort de Judas. La comparaison de leurs récits semble révéler des contradictions, ce qui incite certains critiques à remettre en question l'autorité de ces textes.

A propos des trente deniers

Matthieu (27:3-10) et Luc (Actes 1:18-19) présentent deux récits différents concernant Judas. Matthieu raconte que, rongé par le remords, Judas a rendu l'argent de sa trahison en le jetant dans le Temple avant de se pendre. En revanche, Luc indique que Judas a utilisé cet argent pour acheter un champ, où il est mort d'une chute, entraînant un éclatement abdominal.

Malgré ces différences, les deux récits s'accordent sur le fait que le champ acheté avec l'argent de Judas est appelé « champ du sang ».

Peut-on concilier ces versions apparemment discordantes ? La réconciliation est possible concernant l'achat du champ. Si les autorités du Temple effectuent la transaction au nom de Judas, alors les trente deniers lui appartiennent toujours aux yeux des prêtres. Bien que Judas souhaite se débarrasser de cet argent, il en reste lié. Ainsi, le champ acheté avec cet argent peut être considéré comme le sien, même si les prêtres décident de son utilisation.

Pierre, cité par Luc, a donc pu affirmer que Judas avait acquis le champ (Actes 1:18). Il ne s'agit pas de deux récits opposés, mais d'une version détaillée et d'une version condensée des mêmes événements.

La mort de Judas

La question de la mort de Judas suscite des débats : est-ce par pendaison ou par chute ? Saint-Augustin suggérait que la corde de Judas s'était cassée, une hypothèse également soutenue par le criminologiste Edmond Locard. Bien que cette idée d'harmonisation soit souvent critiquée, elle n'est pas sans fondement, car des tentatives de suicide peuvent parfois échouer de cette manière, comme le montre *G. Deshaies dans son ouvrage sur la psychologie du suicide*.

Cependant, il est préférable d'explorer une autre interprétation. La traduction des mots d'Actes 1:18, prènès genomenos, qui soutient l'idée de mort par chute, est sujette à débat. Les traductions courantes les interprètent comme « étant tombé » ou « s'étant précipité », mais le sens exact reste incertain. Le savant Harnack propose la traduction « ayant gonflé », une opinion partagée par d'autres érudits comme Moffatt et Goodspeed.

Si l'on adopte cette seconde traduction, le récit des Actes vient compléter celui de Matthieu en décrivant les conséquences horribles de la pendaison de Judas, notamment la décomposition de son cadavre exposé au soleil de Jérusalem. Ce détail frappant souligne que le champ acquis avec l'argent de Judas était le prix du sang et met en lumière la malédiction divine que Pierre souhaite évoquer.

Le fameux « Ne me touche pas » de Jésus à Marie-Madeleine.

L'interdiction faite par Jésus à Marie de le toucher a suscité des interrogations, surtout en contraste avec l'invitation qu'il adresse plus tard à Thomas (Jean 20:27). Certaines interprétations fantaisistes ont émergé, suggérant que le corps ressuscité de Jésus était trop « frais » ou sensible, ou qu'il aurait effectué une première ascension au ciel avant de se montrer à Thomas.

Cependant, des spécialistes soulignent que le temps utilisé dans la négation implique plutôt l'idée de « cesse de me toucher ». Marie aurait probablement étreint Jésus avec passion. Jésus lui demande de retourner vers les disciples et ajoute une explication cruciale : « Je ne suis pas encore remonté vers le Père ». Cela signifie qu'il n'est pas encore temps pour une présence corporelle définitive avec eux, ni pour le « retour » promis qui permettra que « là où je suis, vous y soyez aussi » (Jean 14:3).

L'instruction « Ne me retiens pas » (selon la traduction de la Bible de Jérusalem) indique que sa résurrection est une étape vers sa glorification par le Père et un gage de son retour final. Ainsi, la résurrection de Jésus nous invite à regarder vers l'avenir et à espérer la promesse de son retour : « Ne me retiens — je viens bientôt ».

Voici une harmonie possible des récits de la résurrection du Christ et de ses apparitions post-résurrection, dans l'ordre chronologique :

Jésus est enterré, sous le regard de plusieurs femmes (Matthieu 27 :57-61 : Marc 15 :42-47 : Luc 23 :50-56 : Jean 19 :38-42).

Le tombeau est scellé et une garde est mise en place (Matthieu 27 :62-66).

Au moins 3 femmes, dont Marie de Magdala, Marie mère de Jacques et Salomé, préparent des aromates pour aller au tombeau (Matthieu 28:1 : Marc 16:1).

Un ange descend du ciel, roule la pierre et s'assied dessus. Il y a un tremblement de terre, et les gardes s'évanouissent (Matthieu 28:2-4).

Les femmes arrivent au tombeau et le trouvent vide. Marie-Madeleine laisse les autres femmes sur place et court prévenir les disciples (Jean 20:1-2).

Les femmes restées au tombeau voient deux anges qui leur annoncent que Jésus est ressuscité et qui leur demandent de dire aux disciples de se rendre en Galilée (Matthieu 28:5-7 : Marc 16:2-8 : Luc 24:1-8).

Les femmes partent porter la nouvelle aux disciples (Matthieu 28:8).

Les gardes, après s'être réveillés, signalent le tombeau vide aux autorités, qui soudoient les gardes en disant que le corps a été volé (Matthieu 28:11-15).

Marie, mère de Jacques, et les autres femmes, en route pour retrouver les disciples, voient Jésus (Matthieu 28:9-10).

Les femmes racontent aux disciples ce qu'elles ont vu et entendu (Luc 24:9-11).

Pierre et Jean courent au tombeau, constatent qu'il est vide et trouvent les vêtements funéraires (Luc 24:12 : Jean 20:2-10).

Marie-Madeleine retourne au tombeau. Elle voit les anges, puis elle voit Jésus (Jean 20:11-18).

Plus tard le même jour, Jésus apparaît à Pierre (Luc 24:34 : 1 Corinthiens 15:5).

Toujours le même jour, Jésus apparaît à Cléopas et à un autre disciple sur le chemin d'Emmaüs (Luc 24:13, 32).

Le soir même, les deux disciples rapportent l'événement aux Onze à Jérusalem (Luc 24:32-35).

Jésus apparaît aux dix disciples - Thomas est absent (Luc 24:36-43 : Jean 20:19-25).

Jésus apparaît aux onze disciples, y compris Thomas (Jean 20:26-31).

Jésus apparaît à sept disciples au bord de la mer de Galilée (Jean 21:1-25).

Jésus apparaît à environ 500 disciples en Galilée (1 Corinthiens 15:6).

Jésus apparaît à son demi-frère Jacques (1 Corinthiens 15:7).

Jésus commande à ses disciples (Matthieu 28:16-20).

Jésus enseigne les Écritures à ses disciples et promet d'envoyer le Saint-Esprit (Luc 24:44-49 ; Actes 1:4-5).

Jésus monte au ciel (Luc 24:50-53 ; Actes 1:6-12).

3) Comment calculer les trois jours et trois nuits de Jésus ?

Il y a une remarque importante à faire avant de répondre à cette question. Les auteurs du nouveau testament utilisent trois expressions interchangeables pour parler des périodes à laquelle a lieu la résurrection de Jésus ces trois expressions sont : « le troisième jour », « après trois jours » et même « après trois jours et trois nuits » Les trois expressions sont utilisées par Matthieu dans son évangile (Matt. 12:40 ; 16:21 ; 27:63). Marc n'écrit que « trois jours », et Luc ainsi que Jean parlent du « troisième jour ». Cependant l'expression sur laquelle s'arrêtent les critiques et même certains croyant sincère est celle-ci : « après trois jours et trois nuits » Si Jésus devait être dans le tombeau trois jours et trois nuits, comment pouvons-nous les placer entre le Vendredi Saint et le Dimanche de Pâques ?

Dans son livre *Demolishing Supposed Bible Contradictions: Volume 1* Ken Ham répond brillamment à cette question

Il existe plusieurs solutions à ce problème. Certains ont suggéré qu'un Sabbat spécial aurait pu se produire, de sorte que Jésus aurait en réalité été crucifié un jeudi. Cependant, une solution qui me semble plus convaincante est que Jésus a effectivement été crucifié un vendredi, mais que la méthode juive de compter les jours n'était pas la même que la nôtre.

Dans Esther 4:16, nous trouvons Esther exhortant Mardochée à persuader les Juifs de jeûner. « Ni manger ni boire pendant trois jours, nuit et jour » (NKJV). Cela était clairement en préparation de sa tentative très risquée de voir le roi. Pourtant, juste deux versets plus loin, dans Esther 5:1, nous lisons : « Il arriva donc le troisième jour qu'Esther revêtit ses vêtements royaux et se tint dans la cour intérieure du palais du roi. » Si trois jours et trois nuits étaient comptés de la même manière que nous les comptons aujourd'hui, alors Esther n'aurait pas pu voir le roi avant le quatrième jour. Cela est complètement analogue à la situation de la crucifixion et de la résurrection de Jésus.

Car tout comme Jonas fut trois jours et trois nuits dans le ventre du grand poisson, ainsi le Fils de l'homme sera trois jours et trois nuits dans le cœur de la terre (Matthieu 12:40 ; NKJV).

Après le Sabbat, alors que le premier jour de la semaine commençait à poindre, Marie Madeleine et l'autre Marie vinrent voir le tombeau (Matthieu 28:1 ; NKJV). Puis, comme elles avaient peur et se prosternaient la face contre terre, elles leur dirent : « Pourquoi cherchez-vous le vivant parmi les morts ? Il n'est pas ici, mais il est ressuscité ! Rappelez-vous comment il vous a parlé quand il était encore en Galilée, disant : 'Il faut que le Fils de l'homme soit livré entre les mains des hommes pécheurs, et qu'il soit crucifié, et qu'il ressuscite le troisième jour' » (Luc 24:5-7 ; NKJV).

Si les trois jours et nuits étaient comptés de la manière dont nous les comptons, alors Jésus devrait ressusciter le quatrième jour. Mais, en comparant ces passages, nous pouvons voir que dans l'esprit des gens de l'époque biblique, « le troisième jour » est équivalent à « après trois jours ».

En fait, la manière dont ils comptaient était la suivante : une partie d'un jour serait comptée comme un jour. Le tableau suivant, reproduit à partir du site du *Christian Apologetics and Research Ministry (CARM)*, montre comment le comptage fonctionne.

Jour 1 Vendredi		Jour 2 Samedi		Jour 3 Dimanche	
Commence à partir du coucher de soleil du Jour d'avant (Jeudi soir)	Ce termine à partir du coucher du soleil	Commence à partir du coucher de soleil du Jour d'avant (Vendredi soir)	Ce termine à partir du coucher du soleil	Commence à partir du coucher de soleil du Jour d'avant (Samedi soir)	Ce termine à partir du coucher du soleil
Nuit	Jour	Nuit	Jour	Nuit	Jour
Crucifixion		Sabbat		Résurrection	

Ce tableau montre que Jésus est mort le Vendredi Saint, qui est considéré comme le premier jour, incluant la nuit précédente. Bien qu'il soit mort durant la journée, cela compte comme le premier jour et la première nuit. Le samedi est le deuxième jour, et Jésus est ressuscité le matin du dimanche, qui est le troisième jour. Ainsi, selon le mode de comptage juif, cela fait trois jours et nuits, et Jésus ressuscite bien le troisième jour. Il est normal qu'une culture différente ait sa propre façon de compter les jours, et en adoptant cette méthode, les problèmes liés au comptage des jours dans la Bible se résolvent.

LE SENS THEOLOGIQUE DE LA CRUCI-FIXION, DE LA MORT ET DE LA RESUR-RECTION DE CHRIST.

Chapitre VI

6. LE SENS THÉOLOGIQUE DE LA CRUCIFIXION, DE LA MORT ET DE LA RÉ-SURRECTION DE CHRIST

Le sens de la crucifixion

Par la croix Jésus a crucifié ce qui nous condamnait :

Vous qui étiez morts par vos offenses et par l'incir-concision de votre chair, il vous a rendus à la vie avec lui, en nous faisant grâce pour toutes nos of-fenses ; il a effacé l'acte dont les ordonnances nous condamnaient et qui subsistait contre nous, et il l'a détruit en le clouant à la croix ; (Col 2 :13-14)

Christ nous a rachetés de la malédiction de la loi, étant devenu malédiction pour nous-car il est écrit : Maudit est quiconque est pendu au bois, (Galates 3 :13)

Par la croix Jésus nous donne la victoire sur Satan et ses démons :
Il a dépouillé les dominations et les autorités, et les a livrées publiquement en spectacle, en triomphant d'elles par la croix. (Col 2 :15)

Par la croix notre ancienne nature est vaincue :
J'ai été crucifié avec Christ ; et si je vis, ce n'est plus moi qui vis, c'est Christ qui vit en moi ; si je vis maintenant dans la chair, je vis dans la foi au Fils de Dieu, qui m'a aimé et qui s'est livré lui-même pour moi. (Galates 2 :20)

Par la croix nous avons été réconciliés avec Dieu pour former un seul corps avec son peuple :
Car il est notre paix, lui qui des deux n'en a fait qu'un, et qui a renversé le mur de séparation, l'inimitié, ayant anéanti par sa chair la loi des ordonnances dans ses prescriptions, afin de créer en lui-même avec les deux un seul homme nouveau, en établissant la paix, et de les réconcilier, l'un et l'autre en un seul corps, avec Dieu par la croix, en détruisant par elle l'inimitié. Il est venu annoncer la paix à vous qui étiez loin, et la paix à ceux qui étaient près ; car par lui nous avons les uns et les autres accès auprès du Père, dans un même Esprit. (Col 2 :14-18)

Le sens de la mort de Christ

La mort de Christ est une substitution :

Car l'amour de Christ nous presse, parce que nous estimons que, si un seul est mort pour tous, tous donc sont morts ;(2cor 5 :14)

A peine mourrait-on pour un juste ; quelqu'un peut-être pourrait-il pour un homme de bien. Mais Dieu prouve son amour envers nous, en ce que, lorsque nous étions encore des pécheurs, Christ est mort pour nous (Romain 5 :7-8)

Le sens de la résurrection

La résurrection confirme la véracité des doctrines du Nouveau Testament et les prétentions de Jésus. Quoi de plus difficile que la résurrection ? C'est la preuve ultime qui confirme toutes les doctrines du

Nouveau Testament ainsi que toutes les prétentions de Jésus. Lorsque les Juifs voulaient avoir un signe extraordinaire confirmant que Jésus était réellement le Messie, Jésus leur avait répondu ainsi dans ce passage :

Il leur répondit : Une génération méchante et adultère demande un miracle ; il ne lui sera donné d'autre miracle que celui du prophète Jonas. Car, de même que Jonas fut trois jours et trois nuits dans le ventre d'un grand poisson, de même le Fils de l'homme sera trois jours et trois nuits dans le sein de la terre. Mat 12 :39-40

Ainsi, la résurrection une fois établie, confirme la naissance virginale de Jésus, sa Divinité, sa Messianité, son retour pour enlever son église, le jugement dernier…

C'est la résurrection de Jésus qui nous Justifie et qui nous donne la garantie de notre propre résurrection.

Lequel (Jésus) a été livré pour nos offenses, et est ressuscité pour notre justification. (Rom4 :25)

Mais maintenant, Christ est ressuscité des morts, il est les prémices de ceux qui sont morts. (1 cor 15 :20)

Jésus est le sacrifice parfait
Jésus avait rempli à cent pour cent toutes les conditions établies par le père.

Première condition : Innocence

Celui qui n'a point connu le péché, il l'a fait devenir péché pour nous, afin que nous devenions en lui justice de Dieu. (2cor 5 :21)

Lui qui n'a point commis de péché, Et dans la bouche duquel il ne s'est point trouver de fraude;(1 pierre 2 :22)

Deuxième condition : Nature humaine

Pour nous représenter, Jésus devait nous ressembler

Car assurément ce n'est pas à des anges qu'il vient en aide, mais c'est à la postérité d'Abraham. En conséquence, il a dû être rendu semblable en toutes choses à ses frères, afin qu'il fût un souverain sacrificateur miséricordieux et fidèle dans le service de Dieu, pour faire l'expiation des péchés du peuple ; car, ayant été tenté lui-même dans ce qu'il a souffert, il peut secourir ceux qui sont tentés. (Hébreux 2 :16-18)

Troisième condition : Nature divine

Seul Dieu peut Sauver comme il est écrit : ...*Le salut vient de l'Eternel. (Jonas 2 :9)*

En ce sens, Jésus n'aurait pas rempli la condition de sauveur s'il ne possédait pas cette Nature Divine.

Car en lui habite corporellement toute la plénitude de la divinité. (Col 2 : 9)

6.1 Les fêtes lévitiques préfigurent l'œuvre et la personne de Christ

La fête	L'accomplissement en Christ
Pâque (Avril)	Mort de Christ (1 Cor. 5:7)
Pain Sans levain (avril)	Marche Sainte (1 Cor. 5:8)
Premiers fruits (Avril)	Résurrection (1 Cor. 15:23)
Pentecôte (Juin)	Effusion de l'Esprit (Actes 1 : 5 ; 2 : 4)
Trompettes (Septembre)	Rassemblement d'Israël (Matthieu 24:31)
Expiation (Septembre)	Purification par Christ (Rom. 11:26)
Tabernacles (Septembre)	Établir le royaume messianique et le rassemblement des nations (Zacharie 13 :1 ; 14 :16-18)

La Divinité de Jésus

LE PÈRE	POINT COM-MUN	LE FILS
Gen. 1 :1–3 : Ps. 102:25	Créateur	Jean 1:3 : Héb. 1:2—3:10
Es 45:15, 21, 22 : 43:11	Sauveur	Jean 4:42
Deut. 32:39 : 1 Sam. 2:6	Ressuscite les morts	Jean 5:28, 29 : 10:27, 28
Ps. 62:12 ; Joël 3:12	Juge	Mat. 25:31–46 : Jean 5:22, 23
Es. 60:19, 20	Lumière	Jean 8:12
Ex. 3 :14 : Deut. 32 :39. Es. 43:10	Je suis	Jean 8:24, 28, 58 : 18:5–8
Ps. 23:1	Berger	Jean 10:11
Es 42:8 : 48:11	La gloire de Dieu	Jean 17:1, 5
Es. 41:4 : 44:6 : 48:12	Premier et dernier	Apoc.1:7–8,17–18 : 2:8 : 22:12–13
Os. 13:14	Rédempteur	Rév. 5:9
Es. 62 :5 : Os. 2:16	L'époux	Apoc. 21:2, cf. Mat. 25:1ff
Ps. 18:3	Rocher	1 Cor. 10:4
Ex. 34 :6, 7 : Jér. 31:34	Peut pardonner les péchés	Marc 2:7, 10 : Actes 5:31

Ps. 97:7 ; 148:2	Adoré par les anges	Héb. 1:6
Ps. 148:5	Créateur d'anges	Col. 1: 16
Es 45:23	Confessé comme Seigneur	Phil. 2:9–11

CONCLUSION

C'est avec plaisir que j'ai partagé avec vous, en peu de pages évidemment, ces faits autour du personnage de Jésus de Nazareth.

Les faits étant établis, la vérité a jailli !

Oui ! Nous pouvons affirmer que Jésus est réellement ressuscité.

ET VOUS ? Comment évaluez-vous les preuves historiques de la résurrection de Jésus-Christ présentées dans ce livre ? Quelle est votre position par rapport aux faits documentés du tombeau vide du Christ ? Que pensez-vous du Christ ? La manière dont vous allez répondre à ces questions déterminera la direction que prendra votre vie.

Puisque la résurrection de Jésus prouve sans ambiguïté ces prétentions, il serait donc plus sage que chacun prenne la décision de donner sa vie à Jésus.

Je vous invite par conséquent à le faire mon ami(e) avant qu'il ne soit trop tard.

Que Dieu vous bénisse.

Ce n'est pas, en effet, en suivant des fables habilement conçues, que nous vous avons fait connaître la puissance et l'avènement de notre Seigneur Jésus-Christ, mais c'est comme ayant vu sa majesté de nos propres yeux. (2 pierre 1 :16)

7.   RESSOURCES SUPPLÉMENTAIRES

Quelques citations sur la personne de Jésus et de sa résurrection.

1- Thomas Arnold

Spécialiste profane de l'histoire romaine :

"J'ai eu l'habitude pendant de nombreuses années, d'étudier l'histoire ancienne, d'examiner et d'évaluer les preuves avancées par ceux qui ont écrit à son sujet. Eh bien, je ne connais aucun fait dans l'histoire de l'humanité qui puisse mieux être établi par toutes sortes de preuves et mieux compris des personnes avides de vérité, que le signe que Dieu lui-même nous a donné de la mort et de la résurrection du Christ".

(Sermons on the christian life - its hopes, its fears and its close, p324: T.Arnold)

2- Paul L.Maier Professeur d'histoire ancienne à Wetern Michigan University

"Si toutes les preuves sont examinées attentivement et honnêtement, il est en effet légitime, selon les critères de la recherche historique, de conclure que la tombe dans laquelle Jésus avait été enseveli était vraiment vide au matin de Pâques. Pas la moindre preuve n'a encore été découverte, ni dans les textes littéraires, ni en épigraphie, ni en archéologie, qui puisse réfuter cette assertion."

(Independent press-telegram, long beach, Calif, april 21, 1973, p.A-10)

3- C.S. Lewis

Professeur de littérature à l'université de Cambridge: il s'est converti en examinant les preuves de la résurrection :

"Aucune autre religion (que le christianisme) ne présentait un tel caractère d'historicité". "J'avais une trop grande expérience de la critique littéraire pour pouvoir considérer les Évangiles comme étant un mythe."

(Surprised by joy, London, Geoffroy Bles, 1955, p 215, 221, 223. C.S. Lewis)

4- John Singleton Copley

Procureur général : reconnu comme l'une des plus grandes intelligences juridiques de l'histoire d'Angleterre. Il est aussi connu sous le nom Lord Lyndhurst. Il fut avocat général du gouvernement britannique, procureur général de G.B., trois fois grand chancelier d'Angleterre :

"Je sais très bien ce que sont des preuves ; et j'affirme que des preuves comme celles que nous possédons sur la résurrection n'ont jamais été réfutées".

(Therefore stand, Grand rapids, Mich., Baker Book house, 1965, p425, 584 : Wilbur Smith)

5- Simon Greenleaf

Expert en matière de preuves, a publié "traité sur la loi des preuves". Ce traité est considéré comme l'un des plus importants de tous les écrits publiés sur la procédure judiciaire.

Il a examiné la valeur des preuves historiques de la résurrection de Jésus-Christ ; il leur a appliqué les principes retenus dans son traité sur les preuves. Il en conclut qu'il existe plus de preuves historiques de la résurrection de Jésus-Christ qu'il n'en existe pour aucun autre événement de l'histoire.

(An examination of the testimony of the 4 evangelists by the rules of evidence admistrated in the courts of justice: S.Greenleaf).

6- Lord Caldecote

Président du tribunal royal:

"... en essayant de tester les revendications de Jésus-Christ, c'est à dire sa résurrection, j'ai toujours été amené, alors que j'examinais les preuves, à y croire en tant que fait indiscutable."

(A layer examines the Bible, Grand Rapids, Mich., Baker Book House, 1943, p 14 : Linton H.Irwin).

Bibliographie

1) Ehrman, Bart D. (2012). *Did Jesus Exist?: The Historical Argument for Jesus of Nazareth*

2) *Bible Louis segond*

3) Josh McDowell , Sean McDowell Evidence That Demands a Verdict: Life.Changing Truth for a Skeptical World Hardcover – Illustrated, October 3, 2017.

4) Evidence for the Resurrection: What It Mean for Your Relationship with God, 2008.p 124

5) *Le Christianisme, des origines à Constantin, PUF, 2006, p.43*

6) Michael Licona, The Historicity of the Resurrection of Jesus: Historiographical Considerations in the Light of Recent Debates. A doctoral dissertation completed at the University of Pretoria (2008)

7) Norman L Geisler, Baker Encyclopedia of Christian Apologetics (Grand Rapids, MI: Baker Books, 1999), p. 531

8) John Warwick Montgomery, Jésus:La raison rejoint l'histoire,p.21.

9) Avrum Stroll et Richard H.Popkin,dans la série Made Simple Books(Garden city,N.Y :Doubleday,1956),p.165

10) Introduction to the study of the New Testament,2e edition(Oxford:Clarendon Press,1955)

11) Miracles(N.Y.:Macmillan,1947,pp.121-124

12) F.F BRUCE,The New Testament Documents:Are they Realiable(1960).p.38

www.ingramcontent.com/pod-product-compliance
Lightning Source LLC
Chambersburg PA
CBHW072237150726
48002CB00005B/2139